FSC
www.fsc.org
MIX
Paperi vastuul –
lisista lähteistä
Paper from
responsible sources
FSC® C105338

AF209585

Aurelius Augustinus 354–430, kristinuskon aseman huomattavin vakauttaja aikanaan, hänen jälkivaikutuksensa arvioidaan kirkkoisistä suurimmaksi. Varhaisin kuva Augustinuksesta on tämä 500-luvun alusta. Tuolloin löydettiin kirkkoisien tekstejä varustettuina heidän kuvallaan. Kuvan oletetaan tavoittavan näköisyyttä. Kuva on Rooman Lateraanikirkossa.

AUGUSTINUS

JUMALAN VALTIO, De Civitate Dei Kirja XI

JOHDATUS KRISTILLISEEN LUOMISUSKOON JA KRISTINUSKON HISTORIAAN

Scriptus anno Domini 417

Latinasta suomentanut, alaviitteillä varustanut ja painattanut Valtteri Olli

Kustantaja: BoD/TM – Books on Demand

Ensimmäinen painos Helsinki 2019
Toinen painos Helsinki 2020

Suomennoksen alkuteksti:

Aurelius Augustinus: DE CIVITATE DEI, Liber XI
CCL, Corpus Christianorum Saries Latina, XLVII/XIV
ed. B. Dombart / A. Kalib, Turnhout 1955,

ja edellä mainittu teos sarjassa: The Latin Library, De Civitate Dei Liber XI

Copyrigt ©   Valtteri Olli

Kustantaja: BoD – Books on Demand, Helsinki Suomi

Valmistaja: BoD – Books on Demand GmbH, Norderstedt, Saksa

Kirjastoluokka 22.2073

ISBN: 978-952-801-924-4

KÄÄNTÄJÄN ESIPUHE

Kristillisten totuuksien etsijälle!
Augustinuksen Jumalan valtio -teoksen XI kirja on hänen johdantonsa teoksensa toiseen osaan, kirjoihin XI-XXII, jotka käsittelevät Jumalan hallintaa uskovissaan, kuten hän itse luvuissa XI,1 ja XI,34 yhteenvedonomaisesti sanoo. Käsillä oleva XI kirja johdattaa näin – paitsi kristillisyyden historiaan – erityisesti myös yhtäältä kristilliseen luomisuskoon Jumalan luomissanojen valossa, toisaalta luomisen yhteydessä tapahtuneeseen kristillisyyden alkuun, eli pyhien yhteisön eli valtakunnan alkuun.

Tavoitteenani kirjan kääntämiselle pappina ja Augustinus-tutkijana yleisesti on lisätä ensiarvoisen kristillisen kirjallisuuden ja Augustinus-tuntemuksen harrastusta. Onhan kyseessä apostolien ajan jälkeen kirkkohistorian huomattavin Raamatun selittäjä Lutherin ohella, kuten Luterilaisen kirkon Tunnustuskirjojen Yksimielisyyden ohjeen johdantokin myöntää.
    Lisäksi toivon muun ohella, että tämä käännökseni vauhdittaa toistaiseksi julkaisemattoman Jumalan valtio -teoksen toisen osan julkaisemista. Onhan Heikki Koskenniemen WSOY:n kautta julkaistusta ensimmäisestä osasta (kirjat 1-10), jotka käsittelevät Jumalan hallintaa antiikin pakanallisien uskontojen keskuudessa, kulunut julkaisustaan v. 2003 peräti jo 16 vuotta. Ja kuitenkin on kysymys mainitunlaisen, huomattavimman Raamatun selittäjän toisen pääteoksensa tärkeimmästä osasta. Tunnustuksia-teoksensahan arvostetaan toisena Augustinuksen pääteoksena.

Olen aikaisempien, ensi kertaa latinasta suomeen kääntämieni Augustinuksen teosten (Herramme Vuorisaarna, De sermone Domini in monte, ja Kristillinen Opetus, De Doctrina Christina) suomennusperiaatteistani sanonut, että tähtään mahdollisimman täsmälliseen käännökseen, joka kuitenkin olisi kyllin joustavaa kaikille kiinnostuneille luettavaksi. Tämä tälläkin kertaa on ollut tavoitteeni.
    Käännökseni yhteydessä olen pitänyt silmällä yhtä englantilaista käännöstä (St Augustine, concerning The City of God against the Pagans, a new translation by Henry Bettenson with an introduction by John O´Meara, Penguin Classics). Vaikka tämä käännös on varsin vapaa, joskus jopa pikemminkin kommentointia, se tyydyttävästi tuo esiin Augustinuksen perusajatukset ymmärrettävällä englannilla, jonka kielen riittävän taidon omaaville suosittelen sitä luettavaksi, kunnes suomennos on saatavilla. Kriittisissä kohdissa olen silmäillyt myös saksankielistä laitosta (Bibliothek der Kirchenvater, Augustinus, Zweiundzwanzig Bücher über den Gottesstaat, Buch 11). Tämä käännös noudattaa englantilaista tarkemmin Augustinuksen ilmaisuja ja kielioppia. Suosittelen sitä saksantaitoisille.

Toivon tämän vähäisen suomennokseni auttavasti puutteineenkin palvelevan lukijaani, kunnes uudet, laajemmat suomennokset toivottavasti ovat käsillä. Käännökseni olen varustanut sisällysluettelolla, jotka ilmaisevat kirjan XI alalukujen aiheet. Muun informaation ohella on yhteensä 175 kpl sivujen alaviitteitä, jotka antavan lisätietoja Augustinuksen ajatuksiin, joiden siunauksiin näin suljen lukijani.

Nivalassa, isäinpäivänä 10.11 2019 Valtteri Olli
    Toiseen painokseen olen vain korjannut painovirheitä ja tekstin asettelua,
Nivalassa, hiljaisella viikolla 6.4.2020 Valtteri Olli

SISÄLLYSLUETTELO

Augustinus, Jumalan valtio, De Civitate Dei:

Johdanto teoksen toiseen osaan, kirjoihin 11–22. Palautetaan lukijan mieleen, että Jumalan Valtio -teoksen tarkoitus ja päämäärä on käsitellä kahta hallintoa, taivaallista ja maallista. Jumalan valtio -teoksen kirjat 11–22 tulevat käsittelemään aihetta Jumalan hallinnon näkökulmasta, kun edellisen osan kirjat 1–10 erittelivät pääosin pakanallisen antiikin ihmisperäisiä uskontoja.

Jumalan tuntemisesta: Hänen käsittämistään kukaan ei saavuta, paitsi Jumalan ja ihmisen Välimiehen avulla, ihmisen Jeesuksen Kristuksen kautta.

Kanonisten Kirjoitusten auktoriteetista, jonka Jumalan Pyhä Henki on niille luonut.

Maailman luomiseen liittyy aika. Silti Jumala ei luonut maailmaa ikään kuin uudesta ajatuksesta, ikään kuin olisi tehnyt jotakin, mitä hänen aivoituksissaan ei ennen ollut. Kuinka tämä ja usko sielun autuuteen liittyvät Jumalan tahdon muuttumattomuuteen.

Määrättömän pitkät ajat ennen maailman luomista ovat yhtä mahdottomia kuin määrättömät alueet luodun maailman ulkopuolella.

Maailman luominen ja sen luomisen aika kuuluvat yhteen niin, ettei toista voi panna toisen edelle.

Ensimmäisten luomispäivien laadusta, josta opetetaan, että niillä päivillä oli ilta ja aamu ennen kuin aurinko syntyi.

Sen Jumalan levon merkitys, joka lepo seurasi Jumalan kuuden päivän töitä seitsemäntenä päivänä.

Mitä Raamatun perusteella tulee ajatella enkelten luomisesta ja heidän autuutensa perusteesta.

Pyhän Kolminaisuuden, Isän, Pojan ja Pyhän Hengen, olemuksen yksinkertaisuudesta, kun Hänen olemuksessaan ei ole itse olemus yksi asia ja sen laatu toinen, vaan molemmat ovat sama asia.

LYHENTEET

CA	Confessiones Augustana, Augsburgin Tunnustus
Conf.	Confessiones, Tunnustuksia, Augustinuksen toinen pääteos, De Civitate Dei, Jumalan valtio -teoksen, ohella
Deut.	Deuteronomium, 5. Mooseksen kirjan
Engl. editio	St Augustine, concerning The City of God against the Pagans, a new translation by Henry Bettenson with an introduction by John O´Meara, Penguin Classics, 1984 London
etc.	et cetera, jne.
Ex.	Exodus, 2. Mooseksen kirja
Gen.	Genesis, 1. Mooseksen kirja, muista Raamatun kirjoista kuin Mooseksen kirjoista käytetään suomenkielisen nimen lyhennystä
ind./indd.	Indeksi, indeksit; konsonantin toisto tarkoittaa monikkoa
KO	Kristinoppi
Kts.	katso
Lat.	Latinaksi
LXX	Septuaginta, Vanhan Testamentin kreikankielinen käännös
q.v.	quae vide, "katso tätä", viittaa lähempiin selvityksiin
Saks. editio	Bibliothek der Kirchenvater, Augustinus, Zweiundzwanzig Bücher über den Gottesstaat, Buch 11.
Snl.	Sanalaskut, Raamatun
s.	seuraava, so. mainitusta kohdasta eteenpäin, numeron edellä lähdeviittauksissa tarkoittaa kuitenkin ao. sivua
ss.	sivut
Streng	Adolf V. Streng, Latinalais-suomalainen sanakirja
vrt.	vertaa
WA	Weimarer Ausgabe, Martin Luthers Werke, Kritische Gesamt-ausgabe, Weimarer, 1883 s., M Lutherin tuotannon kriittiset laitokset

LÄHTEET

Latinankieliset:
Augustinus, De Civitate Dei, liber XI, Corpus Christianorum Saries Latina, XLVII/XIV, ed. B. Dombart / A. Kalib, Turnhout 1955

Edellä mainittu teos sarjassa: The Latin Library, De Civitate Dei, Liber XI

KÄÄNNÖKSIÄ:

Englanniksi: St Augustine, concerning The City of God against the Pagans, a new translation by Henry Bettenson with an introduction by John O´Meara, Penguin Classics, 1984 London

Saksaksi: Bibliothek der Kirchenvater, Augustinus, Zweiundzwanzig Bücher über den Gottes-staat, Buch 11.

KIRJALLISUUTTA

Kääntäjän, Valtteri Ollin, aikaisemmin latinankielestä tekemien Augustinuksen teosten suomennokset sekä pro gradu -tutkielmansa jälkitarkistettu julkaisu:

1989	Augustinus, Herramme Vuorisaarna, De Sermone Domini in monte
2009	Augustinus, Kristillinen Opetus, De Doctrina Christiana
2014	V Olli, Kirkkoisä Augustinuksen Syntikäsitys Confessiones -teoksessa, Valtteri Ollin pro gradu jälkitarkastelemanaan.

Tietoja kääntäjästä, kotisivunsa: www.kotinet.com/valtteri.olli

Muuta suomennettua Augustinuksen tuotantoa:

1982	Henki ja Kirjain, De Spiritu et littera, latinasta suomentanut prof. J Thurén
2003	Tunnustukset, Confessiones, suomentanut Otto Lakka, suomennoksen tarkistanut Yrjö-Otto Lakka
2003	Jumalan Valtio, De Civitate Dei, osa I (kirjat 1-10), suom. Heikki Koskenniemi

Muiden suomennosten osalta, katso **Augustinus, Kristillinen Opetus**, s. 242.

Bibliografioita Augustinuksesta:

1969	Brown Peter, Augustine of Hippo, a biography by P B, London
1973	Andresen Carl, Bibliografia Augustana, Darmstadt

Augustinus-tutkijoita:

1920	Schanz, Martin, Geschichte der Römischen Literatur, IV, 398-472, München
1974	Fischer, Josef, Confessiones, Kommentar, Aschendorffs
1976	Theologische Realenzyklopädie (TRE), hrsg. von Gerhard Grause und Gerhard Müller, IV, 646-723, Berlin, I Augustin, Leben, Innere Entwicklung und Theologie
1998	Nieminen, Pekka, kirkkoisä ja armon opettaja, englannin kielestä kääntänyt P N, kertonut Ben Alex, kuvittanut Giuseppe Rava, Sley-kirjat

Muiden tutkijoiden osalta, katso **Augustinus, Kristillinen Opetus**, s. 243 ja V Olli, Kirkkoisä Augustinuksen Syntikäsitys Confessiones-teoksessa, s. 180 s.

MUUTA KRISTINUSKOA KÄSITTELEVÄÄ KIRJALLISUUTTA:

<u>Biblia Sacra; alaindekseissä on viitattu eräistä näihin, sekä cd-rom Raamatuista:</u>

–	<u>The Holy Bible</u>, Authorized King James Version, Oxford
1933/1938	<u>Pyhä Raamattu</u>
1935	<u>Septuaginta</u>, id est Testamentum Graece iuxta LXX inter-pretes, editio nona, vol. I–II, Stuttgart
1963	<u>Novum Testamentum</u>, Graece et Latine, Der griechische Teil entspricht der 25. Aufl. 1963, Aland, Nestle, London
1974	<u>Bibeln</u>, i överensstämmelse med den av konungen år 1917 gillade och stadfästa översättningen, Nacka
1974	<u>Lutherbibel</u> erklärt, Stuttgart
1967	<u>Biblia Hebraica</u> Stuttgartensia, Stuttgart
1976	<u>Biblia Sacra</u> iuxta Vulgatam versionem I–II, zweite verbesserte Auflage, Stuttgart
2000	<u>BittiPiplia</u>, Raamattuohjelma, cd-rom, sisältää em. versiot (Lutherbibel 1984) sekä uudempia suomalaisia ja englantilaisia Raamatun käännöksiä, Agricolan v. 1548 UT ja v. 1642 Raamatun, vironkielisen 1997 Raamatun, lisäksi mm. 1986 virsikirjan ja Evankeliumikirjan. Suomen Pipliaseura, Helsinki; ja
2019	**Raamattu.uskonkirjat.net** -tiedosto, käsittää yllämainittuja ja laajan valikoiman nykyisiä ja klassisia erikielisiä Raamattuja (Googlen kautta)
<u>1948</u>	<u>Evankelis-luterilaisen kirkon tunnustuskirjat, suomentanut A E Koskenniemi</u>

<u>Lutherin tuotannon suomennoksia ja cd-rom:</u>

1883	Häälahja eli neuwoja pitämään Jumalalle otollista ja siunattua perhe- ja avioelämää, koonnut Ch. Ph. H. Brandt, neljäs painos, Helsinki
1939	Juutalaisista ja heidän valheistaan, suom. T.T. Karanko, Helsinki
1941	Kirkkopostilla I–III, suom. A. E. Koskenniemi, Helsinki
1945	Huonepostilla, 6. painos, suom. Niilo E Vainio, Helsinki
1952	Hengellinen virvoittaja, jokapäiväisiä Jumalan sanan tutkisteluja Lutherin kirjoista kokoilleet J.L. Pasig ja GEO. Link, Helsinki
1955	Matkaevästä, Lutherin teoksista koottuja tutkiskeluja vuoden kullekin päivälle, suom. T. V. Toivio, 3. pain., näköispainos 1993, Jyväskylä

1957	Pyhän Paavalin Galatalaiskirjeen selitys, latinasta suomentanut A. E. Koskenniemi, Helsinki
1963	Syvyydestä minä huudan. Mm. kolme Isä meidän -rukouksen selitystä ja Ps. 130. Suomentanut K. Kaski, toim. L. Pinomaa, Porvoo
1966	Minä tunnustin syntini, L:n selityksiä ja opetuksia katumuspsalmeihin, sakramenteista, ripistä, Raamatun eri kohdista, otteita Schmalkaldenin artikloista. Toimittanut L Pinomaa, Porvoo.
1967	En Minä Kuole Vaan Elän, antologia, Ossi Kettunen, Ahti Hakamies, Teivas Oksala, Pieksämäki
1968	Kristityn vapaudesta, esipuhe L Pinomaa, Kotka
1982	Sidottu Ratkaisuvalta, De servo arbitrio, suom. A E Koskenniemi, Turku
1983	Laki ja evankeliumi, I ja II väittely antinomisteja vastaan, Helsinki, latinasta suom. Erkki Koskenniemi, Helsinki
1983	Valitut teokset I–III, toim. L Pinomaa, Juva

1983 (continued):

– Roomalaiskirjeen luento; 95 teesiä; Isä meidän -rukouksen
selitys; neljä saarnaa, Lutherin esipuhe lat. julkaisuihin.

– L:n esipuhe saksank. julkaisuihin; esipuhe UT:n kirjoihin;
Gal. selitys; Puhe hyvistä teoista; Saksan kansan kristill. aatelille
kristillisen säädyn parantamisesta; Kirkon Baabelin vankeudesta;
Kristityn vapaudesta; Marian kiitosvirsi; Ps. 22 selitys.

– L:n elämäkerrallisia muistelmia; Maallisesta esivallasta;
Voivatko sotilaatkin kuulua autuaalliseen säätyyn; Talonpoikaissotaa
koskevat kirjat; Avioelämästä; Kaupankäynnistä ja koronkiskonnasta;
Saksan maiden kaikkien kaupunkien pormestareille ja neuvosherroille;
Vastine Latomukselle, sisältää selityksiä: Jesajasta., Saarnaajan ja
Roomalaiskirjeen kohtiin, Mitä synti on;

Paastonajan I sunnuntain eli Invocavit-viikon saarnat, joissa V ja VI saarnat.
ss. 388–394, käsittelevät ehtoollisen jakamisen ja vastaanottamisen tapaa;
Ripistä ja avaimista, Neljätoista lohdutusta; Ps. 118 selitys; Lentokirjanen
kääntämisestä; Pöytäpuheita; kirjeitä; L:n suomennetut teokset v. 1983.

1984 Lutherin Vähä- ja Iso katekismus sekä Schmalkaldenin
opinkohdat, Suomen teologisen seuran julkaisu 138, Jyväskylä

1986 Marian ylistyslaulu, esipuhe Anja Ghiselli, Helsinki

2002 Mannaa Jumalan lapsille, L:n kirjoista koottuja mietelmiä
vuoden jokaiselle päivälle, toim. L Koskenniemi, Juva

2004 – Ensimmäisen Mooseksen kirjan selitys, osat I-VI, latinasta suom. Heikki
Koskenniemi, Hämeenlinna

2005 **Martti Luther <u>cd-rom</u> v. 2**, Sley-kirjat Oy, sisältää n. 188
suomennettua Lutherin teosta tai hänen tuotannostaan tehtyä
kirjaa (myös tässä lueteltuja) **sekä mm. Pieperin dogmatiikan**
ja pari Lutherin elämänkertateosta.

2006 Kristuksen ehtoollisesta – suuri tunnustus, saksan kielestä
suomentanut Simo Kiviranta, Hämeenlinna

Muuta kirjallisuutta ja apuneuvoja

Arffman Kaarlo

1993 Sanan jäljet, Kirkon historian merkitys Lutherin teologiassa,
Suomalaisen teologisen seuran julkaisu 185, Helsinki

Iso Raamatun tietosanakirja, osat I-III

1972-5 suomalaisessa toimituksessa Tikkurila

Leisola Matti

2014 Evoluutiouskon ihmemaassa, Porvoo

Pieper Franz
1961 Kristillinen dogmatiikka, Turku

Muiden apuneuvojen, kuten kirkko- ja dogmihistorioiden, erikielisten sanakirjojen ja kielioppien, konkordanssien, eri Raamatun sanakirjojen sekä kristinuskoa joltakin näkökannalta käsitelleiden kirjailijoiden osalta, kts. alustavasti esim. em. **Augustinus, Kristillinen Opetus**, s. 248 s.

Jumalan Valtio
Luku XI,1

Johdanto teoksen toiseen osaan, lukuihin 11–22. Palautetaan lukijan mieleen, että Jumalan Valtio -teoksen tarkoitus ja päämäärä on käsitellä kahta hallintoa, taivaallista ja maallista. Luvut 11–22 tulevat käsittelemään aihetta nyt Jumalan hallinnon näkökulmasta, kun edellisen osan luvut 1–10 erittelivät pääosin pakanallisen antiikin ihmisperäisiä uskontoja.

Luku XI,1
Jumalan valtioksi sanomme sen hallinnon, jonka todistajana on tuo Kirjoitus, joka alistaa alapuolelleen kaikkien kansojen kaiken kirjallisuuden – ei ihmismielialojen sielunliikkeillä, vaan – ollen ylitse inhimillisten ymmärryskykyjen eri laatujen niitä etevämpi aivan ylimmässä, jumalallisessa edeltä näkevässä kaitselmuksessaan.

Tuossapa Kirjassa on kirjoitettuna: *Kunniakkaat ovat maininnat sinusta, Jumalan kaupunki.*[1] Ja toisesta Psalmista luetaan: *Suuri on Herra ja sangen ylistettävä meidän kaupungissamme, hänen pyhällä vuorellansa, levittäen riemua koko maalle.*[2] Ja vähän myöhemmin samassa

---

[1] Lat. *Gloriosa dicta sunt de te, civitas dei.* Ps. 87:3. Vulgatan käännös Septuagintasta on sama. Hepreasta Vulgata kääntää. *Gloriosa dicta sunt* in *te, civitas dei,* semper. *Kunniakkaat ovat maininnat* sinulla / sinun suhteesi, aina.

[2] Ps. 48:2–3. Lat. *magnus Dominus et laudabilis nimis in civitate Dei nostri in monte sancto eius, dilatans exultationes universae terrae.* Tämä on Vulgatassa 47:2–3, LXX:stä käännettynä muodossa: *2. magnus Dominus et laudabilis nimis in civitate Dei nostri in monte sancto eius 3. fundatur exultatione universae terrae montes Sion latera aquilonis civitas regis magni.* – *Suuri on Herra ja sangen ylistettävä meidän Jumalamme kaupungissa, pyhällä vuorellansa. Riemulla vahvistetaan kaiken maan vuoret, Siion pohjoisella sivustalla, suuren kuninkaan kaupunki.* Vulgata kääntää nämä jakeet puolestaan hepreasta muotoon: *magnus Dominus et laudabilis nimis in civitate Dei nostri in monte sancto suo 3. specioso germini gaudio universae terrae monti Sion lateribus aquilonis civitatulae regis magni.* – *Suuri on Herra ja sangen ylistettävä meidän kaupungissamme, pyhällä vuorellansa. Kauniiksi versoksi, iloksi, kaiken maan vuoreksi [on > kohoaa] Siion, suuren kuninkaan pienen kaupungin pohjoisen puolella [<laitamilla].* < Biblia Hebraica (siellä 48:2–3):

גָּדֹ֣ול יְהוָ֣ה וּמְהֻלָּ֣ל מְאֹ֑ד בְּעִ֥יר אֱלֹהֵ֗ינוּ הַר־קָדְשֹֽׁו׃ 2 – *Suuri on Herra ja äärimmäisen ylistettävä Jumalamme kaupungissa pyhällä vuorellansa.*
יְפֵ֥ה נֹוף֮ מְשֹׂ֪ושׂ כָּל־הָ֫אָ֥רֶץ הַר־צִ֭יֹּון יַרְכְּתֵ֣י צָפֹ֑ון קִרְיַ֗ת מֶ֣לֶךְ רָֽב׃ 3 – *Kaunis [on sen] kohottaminen, kaiken maan riemu, Siionin vuori pohjoisen sivustalla, suuren kuninkaan kaupunki.*> Luther (v. 1545): *2. Groß ist der HERR und hoch berühmt in der Stadt unsers Gottes, auf seinem heiligen Berge. 3. Der Berg Zion ist wie ein schön Zweiglein, des sich das ganze Land tröstet; an der Seite gegen Mitternacht liegt die Stadt des großen Königs.* – *Suuri on Herra ja korkeasti ylistetty meidän Jumalamme kaupungissa, pyhällä vuorellansa; Siionin vuori on kuin kaunis verso/oksa, johon koko maa tyytyy; pohjoisella sivustalla sijaitsee suuren kuninkaan kaupunki (< kohti keskiyötä = pohjoista, ilmaisu on hepraisimi, kuten myös ′sivusta′ on hepreaksi ilmaistuna ′reisillä′).*

Psalmissa: *Niin kuin olemme kuulleet, niin olemme myös nähneet hyveellisten voimien Herran kaupungissa, Jumalamme kaupungissa. Jumala on perustanut sen iankaikkiseksi.*[3] Ja samoin toisessa Psalmissa: *Virran voima ilahduttaa Jumalan kaupungin. Korkein on pyhittänyt pyhäkkönsä. Jumala on sen keskellä: se ei tule järkkymään.*[4] –Näiden ja tämän kaltaisien todisteiden perusteella, joita kaikkia olisi liian pitkällistä mainita, olemme oppineet sen tietyn Jumalan valtion olemassaolon, jonka jäsen intohimoisesti kaipaamme olla sellaisella rakkaudella, jonka rakkauden sen Luoja on inspiroinut hyväksemme.

Tämän pyhän kaupungin Perustajaa parempana maisen valtion kansalaiset ovat pitäneet jumaliansa, koska eivät tiedä Hänen olevan jumalien Jumala, mutta ei valheiden, se on: jumalattomien ja ylpeiden Jumala. He [epäjumalat ja palvojansa] tavoittelevat eräällä tavalla yksityistä mahtiaan ja pyrkivät saavuttamaan jumalallisia kunniasijoja vilpillisin petoksin, riistettyinä pois Jumalan muuttumattomasta, kaikille yhteisestä valkeudesta, ja siksi he ovat pakotettuja tiettyyn yksityiseen puutteelliseen toiminnan mahdollisuuteen. Vaan Jumala on hyveellisten ja pyhien jumalien[5] Jumala. Näitä viehättää ennemmin alistaa itsensä yhdelle [Jumalalle] kuin alistaa monia [jumalia] itselleen, ja ennemmin palvoa Jumalaa kuin tulla jumalina palvotuiksi.[6]

Mutta olen vastannut tämän pyhän kaupungin vihollisille edellisissä kymmenessä kirjassani – niin paljon kuin pysytyin, Herramme ja kuninkaamme auttaessa.

---

[3] Ps. 48:9. *Sicut audivimus, ita et vidimus, in civitate Domini virtutum, in civitate Dei nostri. Deus fundavit eam in aeternum.* – Samoin Vulgatassa (47:9) sekä LXX että Hebraica -käännöksinä, jälkimmäisessä ilmaisu *in aeternum* on sanottu muodossa *usque in aeternum, aina iankaikkisuuteen asti*. Oman perinteisen Kirkkoraamatun käännökseen on vaikuttanut Biblia Hebraican teksti:

כֵּן רָאִינוּ בְּעִיר־יְהוָה צְבָאוֹת בְּעִיר אֱלֹהֵינוּ אֱלֹהִים יְכוֹנְנֶהָ עַד־עוֹלָם סֶלָה׃ ׀

Niin kuin olemme nähneet Herran Sebaotin (se on: kaiken voiman Jumalan) *kaupungissa, meidän Jumalamme kaupungissa, niin olemme kuulleet. Jumala pitää sen lujana iankaikkisesti. Sela.* (Sela tarkoittaa taukoa välisoiton muodossa, mikä antaa aikaa sulattaa edellä sanottua samalla painottaen sitä.)

[4] Ps. 46:5-6; Vulgata 45:5-6 on samoin: *Fluminis impetus laetificat civitatem Dei, sanctificavit tabernaculum suum Altissimus. Deus in medio eius non commovebitur.* – Oikeastaan: *Jumala sen keskellä ei tule järkkymään.* Kyseessä on tyylikeinokuvio nimeltään *metonymia*, subjektin vaihto. Kun Jumala ei temppelissään horju, ei temppeli horju. Raamattu käyttää tätä kuviota paljon, kuten Ps. 139:1, 22. Kts. **Augustinus, Kristillinen Opetus, tyylikeinot, metonymia**, s. 217. (Kts. myös tuonnempana s. 27, ind. 38).

[5] Tässä Augustinus viittaa enkeleihin ja niihin, joilla on Jumalan sana, niin että he sen kautta Jumalaa heijastavat. Vrt. Johannes 10:35. Ps. 82:6. Aiheesta on enemmän tuonnempana kohdassa XI,33.

[6] Vrt. Ilm. 19:10. Augustinus, **Kristillinen Opetus**, 1.33.36, s. 26.

Mutta siitä, mitä minulta nyt edelleen odotetaan, ryhtynen erittelyihini, tunnustaen siihen velvollisuuteni unohtamatta velvollisuuksiani niihin. Tarkastelen, siinä määrin kuin olen tutkiskeluuni pystyvä, kahden kaupungin – maallisen ja taivaallisen – esiin astumista ja etenemistä, rajoittaen velvoitteitani, itsensä pyhän kaupungin Herran ja Kuninkaamme avun saamiseen kaikessa luottaessani.[7] Olemme sanoneet, että nämä kaksi kaupunkia tulevat vastaisuudessa, tarkasteltavana aikakautena, olemaan tietyllä tavalla hämäriä ja keskenään toisiinsa sekoittuneina.

Ja aluksi tulen sanomaan, millä tavalla, noiden kahden kaupungin syntymiset edelsivät [muuta historiaa] enkeleiden erilaisuudessa.[8]

---

[7] Augustinus tunnustaa tässä suorasanaisesti velvollisuutensa saamiensa Jumalan lahjojen ja tietojen välittämiseen seurakunnalle, sekä piispana että tajuten omaa piispuuttaan laajemman merkityksen maailman ja kirkon historiassa (Paavalin tapaan: *kaikille minä olen velassa*. Room. 1:14). Vaikka Augustinus käyttää nöyriä ilmaisuja ja sanoo kaikessa tulevansa luottamaan Herran apuun ja johdatukseen, hän samalla tietää joutuvansa paljon rajaamaan tietojaan saadakseen kirjansa kohtuulliseen määrään. Tätä tarvetta hän myöhemmissäkin käsittelyissään usein toistaa.

[8] Toisin sanoen, enkeleiden erilaisuus ja keskinäinen sota, *edelsi* (*praecesserint*) näiden kaupunkien eli valtioiden syntyjä > enkeleiden erilaisuus ilmentää kaupunkien syntymistä ja luonteita. Ja sen vuoksi kummallekin osapuolelle kuuliaiset ihmiset eli valtakunta sekoittuvat pahojen ja hyvien enkeleiden välisessä taistelussa, eli käyvät vaikeiksi nähdä, kuten taistelun osapuolet sotakentällä ovat hämärästi erottuvia ja sekaisin. Tähän Augustinus siis viittaa edellisessä lauseessaan. Vrt. Gen. 3:15; enkeleiden välisestä loppusodasta Ilmestyskirja mainitsee kohdassa 12:7 s. Kts. Ef. 6:12, aiheeseen liittyvät: Ef. 2.2, Room. 8:37–39, Kol. 2:15, 1 Kor. 15:24, Luuk. 16:8, 2 Kor. 11:14 etc.

Jumalan tuntemisesta: Hänen käsittämistään kukaan ei saavuta, paitsi Jumalan ja ihmisen Välimiehen avulla, ihmisen Jeesuksen Kristuksen kautta.

XI,2

Sangen suurta se on ja harvinaista järkemme [oikealla] pyrkimyksellä ylittää kaikki ruumiilliset ja aineettomat luontokappaleet[9], jotka ovat muuttuvaisia harkittuina ja koetulla tavalla, ja saavuttaa Jumalan muuttumaton olemus (substanssi), ja siinä oppia juuri hänestä itsestään se, että hän on tehnyt kaiken luonnon, joka ei ole Hän itse, ja jota luontoa ei ole luonut kukaan muu kuin Hän itse.

Niin näet Jumala silloin kun hän puhuu ihmisen kanssa, ei puhu jonkin aineellisen luontokappaleen avulla kolkuttaen lihallisiin korviimme, ilmatilassa tapahtuvan liikkeen avulla ääntävän ja kuuntelevan välillä;[10] eikä myöskään sellaisen henkisen luodun välityksellä, jota kuvataan aineellisten asioiden kaltaisuuksilla, kuten unissa tai muulla sellaisella tavalla. Sillä siinäkin puhutaan ikään kuin lihallisiin korviin, koska puhutaan ikään kuin ruumiin kautta ja kuin panemalla väliin aineellisten asioiden välimatka. Paljon näet senkaltaisia asioita on tarkkailtu aineellisiksi. Vaan Jumala puhuu itse totuuden avulla, jos vain joku olisi kykenevä kuulemiseen älynsä avulla, ei esineellisyyden avulla. Siihen ihmisessä olevaan oivalliseen mielen ominaisuuteen Jumala näin puhuu, mikä ihmisessä on parempaa hänen muita ominaisuuksiaan, joista ihminen muodostuu, ja jota ominaisuutta parempi Jumala itse yksin on. Sillä näet ihminen mitä oikeutetuimmin ymmärretään tehdyksi Jumalan kuvaksi[11] – jos joku ei tätä voisi ymmärtää, ainakin se uskottakoon: todellakin ihminen on siihen osa-alueeseensa nähden lähempänä häntä ylempänä olevaa Jumalaa, jolla osalla hän voittaa omat alhaisemmat osansa, ne, jotka hänellä on yhteisiä myös eläinten kanssa.[12]

Mutta koska itse se sielu, jossa järki ja älykkyys ovat luonnollisella tavalla, on vammainen aivan synkkien ja pitkään jatkuneiden vikojensa johdosta, ei ainoastaan kuuluakseen erottamattomasti muuttumattoman Valkeuden yhteyteen, vaan myös tuodakseen itsensä tuohon muuttumattomaan Valoon siitä nauttien, kunnes tietystä päivästä alkaen sielu tulee näin suureen onneen kykeneväksi, uskon oli se ensin perehdytettävä ja puhdistettava tuohon valoon, pantava se kuntoon päivä päivältä ja parannettava.

Jotta sielu kulkisi luottavaisemmin kohti totuutta tässä uskossa, itse Totuus, Jumala, Jumalan Poika, hankki ja perusti tämän uskon ottamalla [persoonaansa] ihmisyyden, mutta ei hävittäen

---

[9]Siitä, mitä ovat muuttuvaiset luontokappaleet, Augustinus tekee selkoa erityisesti teoksessaan **Kristillinen Opetus**, 1.8.8. s. 11. Hän selittää eritasoista luonnon elämää eli luontokappaleita, joista ajatuskykyisellä, järjellisellä sielulla varustettu ihminen on järjettömiä elollisia korkeammalla. Hänkin on kyvyiltään muuttuvainen.

[10] Lat. **ut inter sonantem et audientem aeria spatia verberentur**. Saksalainen editio kääntää: ... **durich Bewegung von Lufträumen**. ... ilmatilojen liikkeen avulla. – Omassa sanassaan, jota kirjoitettuna luetaan tai äänellisesti julistetaan, Jumala kyllä puhuu. – Ääniaalloista ilmatilassa Augustinus puhuu teoksessaan **Kristillinen Opetus**, 2.4.5, s. 35.

[11] Gen. 1:27. Augustinuksen mukaan ihminen on Jumalan kuva a) vanhurskautensa ja b) sielunsa puolesta. **Olli, Kirkkoisä Augustinuksen Syntikäsitys Confessiones-teoksessa**, s. 56, Confessiones VI,3 etc. – Siitä, mitä *totuus* hänen mukaansa on, katso esim. Olli, s. 38; **Confessiones**, III,6; X,20.

[12] Vrt. edellä mainittuun, **Augustinus, Kristillinen Opetus**, 1.8.8., s. 11.

jumaluuttaan, ollakseen sen tähden, että hän on ihmisen Jumala, *tienä* ihmiselle Jumalan luo, ihmisyytensä kautta.

Hän näet on ihmisen ja Jumalan välillä Välimies, ihminen Jeesus Kristus.[13]

Sen kautta nimittäin hän on Välimies, minkä kautta hän on *ihminen*, ja minkä kautta hän on myös *tie*. On näet olemassa toivo päästä perille, jos on olemassa tie pyrkijän ja sen välillä, mihin hän pyrkii. Mutta jos puuttuu tie, tai hän ei sitä tiedä, mitä hyötyä on tietää sitä, mihin pitäisi kulkea?[14]

Ainoastaan Hän on mitä turvatuin *tie* kaikkia erehdyksiä vastaan, koska Hän itse on samalla Jumala ja ihminen; minne kuljetaan, siellä on Jumala, ja mitä kautta kuljetaan, siellä on ihminen.[15]

---

[13] 1 Tim. 2:5.

[14] Vrt. Augustinus, **Jumalan Valtio**, X,29 sen alussa; ja **Herramme Vuorisaarna**, 1.11.30, ind. 1, s. 26.

[15] Lat. **ut idem ipse sit deus et homo; quo itur deus, qua itur homo.** Englantilainen ja saksalainen editio ovat kääntäneet liian vapaasti sanat *quo itur deus, qua itur homo: As God, he is the goal; as man he is the way.* = Jumalana hän on tavoite, ihmisenä hän on tie. Vastaavasti myös saksaksi. Näin vapaa käännös ikään kuin hajottaa Kristuksen persoonan kahdeksi. Kuten Augustinus sanoo sekä edellä että tässä kappaleen viime lauseessa, että Kristus on samalla Jumala ja ihminen, ja ettei Kristus tulemalla ihmisenä tieksi silti lakannut olemasta myös Jumala. Mitäpä hyötyä olisikaan pelkästä ihmisestä välimiehenä. Siksi Paavali opettaa, että korpivaelluksessa tienä oleva enkeli ja kallio on Kristus. 1 Kor. 10:4. Ja sen vuoksi Jumala teroittaa ennen korpivaellusta, että vastaisuudessa hänet, Jumala, on tunnettava nimellä *Herra (Jahve),* ei nimellä *Kaikkivaltias (Elohim),* jossa hän on tutkimaton ja peljättävä majesteetti. (Ex. 6:3). Niinpä siis uskossa Välimieheen opitaan tuntemaan Herra Jumala ja Ihmisen Poika, Välimies ihmisyyden itseensä ottaneena. Jumalan nimitys *Herra* liittyy Kolminaisuudessa juuri Poikaan, Kristukseen, kuten Lutherkin opettaa.

Kanonisten Kirjoitusten auktoriteetista, jonka Jumalan Pyhä Henki on niille luonut.

XI,3

Kristus on puhunut ensin profeettojensa kautta, sitten oman itsensä kautta, myöhemmin apostoleittensa kautta, siinä määrin kuin katsoi sen tarpeelliseksi. Hän myös säilytti sen, minkä oli näin puhunut Kirjoituksena, jota nimitetään kanoniseksi, ja joka omaa mitä korkeimman auktoriteetin.

Siihen meillä on luottamus asioista, joita ei ole hyödyllistä olla tuntematta, mutta joiden tietämiseen emme ole mahdollisia yksin itsemme avulla. Sillä joskin sellaiset asiat voidaan tietää todistamisiemme avulla, jotka eivät ole etäällä sisäisistä ja ulkoisista aisteistamme (läsnä olevat asiat puolestaan saavat nimityksensä siitä, että sanomme asioiden olevan sillä lailla aistiemme edessä – prae sensibus –, kuten silmiemme edessä ne, jotka ovat tarjona silmillemme), todellakin sitten sellaisiin asioihin, jotka ovat kaukana aisteistamme, kutsumme muita sellaisia todistajia, joihin luotamme ja joiden aisteista emme usko todistettavien asioiden olevan tai olleen kaukana; koska emme voi tietää niistä omien todistamisiemme avulla.

Niinpä siis kuten nähtävistä asioista, joita emme näe, uskomme niitä, jotka näkevät (ja vastaavalla tavalla jokaisen muunkin aistimme suhteen, jotka kuuluvat ruumiiseemme), siten niistäkin asioista, jotka sielu (animus) ja mieli (mens) tuntevat (sentiantur), se on: näkymättömistä asioista, jotka ovat kaukana sisäiseltä havaintokyvyltämme (sensu interiore),[16] on tärkeätä uskoa niitä, jotka ovat oppineet tuntemaan niitä sijoitettuna aineettomaan valoon, tai he ovat kohdanneet ne heihin ulottuneina. Sillä sielua itseään mitä oikeutetuimmin nimitetään tajuksi (sensus), mistä mielikin (sententia) on saanut nimityksensä.

---

[16] Saksalainen editio (kohdan indeksissään 2) huomauttaa, että Augustinus käsittelee *sisäistä havaintokykyä* (sensus interior) myös teoksessaan De libero arbitrio II 3–5. Teoksen nimi on koko pituudeltaan **Unde malum, et libero arbitrio, Mistä peräisin on paha, ja vapaasta ratkaisuvallasta**. Kirja kuuluu antimanikealaisiin teoksiin ja on vuosilta 387/8–395. – Tietenkin tällaista sisäistä havaintokykyä, niin sanoakseni, lääkärin hengellistä kliinistä silmää, Augustinus käsittelee kaikkialla teoksissaan ja saarnoissaan. Varsin yhtenäisesti ja systemaattisesti hän sen tekee selittäessään Vuorisaarnan autuaaksi julistusta, *autuaita ovat puhdassydämiset, sillä he saavat nähdä Jumalan*. Augustinus, **Herramme Vuorisaarna**, 2.1.1.–2.22.76, ss. 85–153.

Maailman luomiseen liittyy aika. Silti Jumala ei luonut maailmaa ikään kuin uudesta ajatuksesta, ikään kuin olisi tehnyt jotakin, mitä hänen aivoituksissaan ei ennen ollut. Kuinka tämä ja usko sielun autuuteen liittyvät Jumalan tahdon muuttumattomuuteen.

Luku XI,4

Näkyväisistä kaikista asioista suurin on maailma, näkymättömistä kaikista asioista suurin on Jumala. Mutta maailman olemassaolon me havaitsemme, Jumalan olemassaolon uskomme.

Sitä, edelleen, että Jumala on tehnyt maailman, emme luota kehenkään turvallisemmin kuin Jumalaan itseensä. Missä olemme häntä kuulleet? Emme mistään toistaiseksi paremmin kuin pyhistä Kirjoituksista, joissa hänen profeettansa sanoo: *Alussa Jumala loi taivaan ja maan.*[17] Tokkopa sitten paikalla oli tuo profeetta, silloin kun Jumala loi taivaan ja maan? −Ei, mutta läsnä siinä oli Jumalan Viisaus, jonka kautta tehtiin myös kaikki luomisteot.[18] Jumalan Viisaus pyhiin sieluihin itsensäkin sijoittaen asetti Jumalan ystävät ja profeetat, ja näiden sisimpään kertoi kaikki nämä luomistekonsa ilman [informaatiota häiritsevää] sanojen huminaa.[19] Puhuvat heille Jumalan enkelitkin, *jotka aina näkevät Jumalan kasvot*[20] ja hänen tahtonsa, ja ilmoittavat ne asiat, mitkä tarvitaan. Pyhistään yksi on tuo kuuluisa profeetta, joka sanoi ja kirjoitti: *Alussa Jumala loi taivaan ja maan.* Tämä on niin luotettava todistaja, jonka välityksellä Jumalaa on uskottava, että samassa Jumalan Hengessä, joka hänelle paljasti nämä luodut asiat, hän etukäteen ilmoitti jopa meidän tulevan uskommekin, niin paljoa aikaisemmin.[21]

Mutta miksi iankaikkinen Jumala päätti tuolloin tehdä taivaan ja maan, joita hän aikaisemmin ei olisi tehnyt?[22] Jotka näin väittävät, jos he tahtovat maailman tulevan nähdyksi iankaikkiseksi ilman mitään sen alkua, ja siten myös, ettei Jumala olisi sitä tehnyt, ovat liikaa kääntyneet pois totuudesta, ja jumalattomuuden kuolettava oppi on tehnyt heidät hulluiksi.[23] Näet, paitsi profeetalliset äänet, itse maailma julistaa erittäin järjestyksenmukaisella muuttuvaisuudellaan ja liikkuvaisuudellaan, ja kaikista nähtävissä olevista asioista komeimmalla ulkomuodollaan, eräällä tavalla hiljaisesti, sekä sen, että se on tehty, että sen, ettei tämä ole voinut tapahtua muutoin kuin lausumattoman ja näkymättämän suuren Jumalan toimesta, sekä lausumattoman ja näkymättämän ihanan Jumalan toimesta.

Eräät, jotka tosin myöntävät Jumalan tehneen maailman, eivät kuitenkaan tahdo pitää kiinni luomisen ajankohdasta, vaan myöntävät Jumalan luomisen alun niin, että se olisi tapahtunut jollakin tuskin ymmärrettävällä tavalla aina jatkuvana. He todellakin sanovat jotakin sellaista, jonka perusteella näyttäisivät ikään kuin puolustavan Jumalaa sattumanvaraisuudelta ja umpimähkäisyydeltä, jotta ei uskottaisi Jumalalle yhtäkkiä tulleen mieleensä tehdä maailma, mikä ei hänelle milloinkaan aikaisemmin olisi mieleen tullut; ja näin Jumala olisi päätynyt uuteen tahtoonsa, vaikka Jumala ei milloinkaan ole muuttuvainen.[24]

---

[17] Gen. 1:1
[18] Snl. 8:27
[19] Viis. 7:24-27
[20] Matt. 18:10
[21] Vrt. Gen. 3:15; Deut. 18:15-19.
[22] Vrt. tuonnempana XI,21.
[23] Vrt. päinvastaisessa mielessä Paavaliin kohdistettuun syytökseen, Apt. 26:24.

[24] Näin väittivät mm. uusplatonikot ja kerettiläisiksi tuomituista kirkkoisistä Origines (saksalainen editio, indeksi 8. Vrt. Jumalan valtio, X,31).−Augustinus vastusti platonikkojen käsityksiä kristinuskon vastaisina hyvin monissa

Mutta en näe, millä tavalla tuo mielipide voisi kestää heidän hyväksensä muiden luotujen seikkojen suhteen, varsinkin sieluun nähden, jonka jos Jumala on luonut [muuttumattoman ajatuksensa mukaisesti] olemaan iankaikkiseksi, mistä uusi surkeus tuli sielun osaksi, jota siinä ei milloinkaan aikaisemmin ollut iankaikkisuudessa? Tätä he eivät ole millään lailla voineet selittää. Jos he näet sanoisivat sielun kurjuuden ja autuuden aina vaihdelleen, on välttämätöntä, että he sanovat sielun tilan myös tulevaisuudessa olevan aina vaihteleva. Tästä seuraa, että epäjohdonmukaisuus tavoittaa heidät, niin että myös kun sielua sanotaan autuaaksi tässä ajassa, se ei missään tapauksessa ole autuas, koska se näkee tulevan kurjuutensa ja häpeänsä. Jos taas sielu ei näe sitä edeltä eikä tiedä tulevansa kurjuuteen ja häpeään, se on perättömän käsityksensä perusteella autuas. Tätä käsitystä typerämmin se ei voi sanoa.

Edelleen, jos he arvelevat, että sielun kurjuus tosin on vuorotellut takaisin autuuden kanssa määrittämättömien pitkien ajanjaksojen kuluessa, mutta nyt jo edespäin, kun sielu on tullut vapautetuksi kurjuudesta, se ei enää siihen ole palaava, joka tapauksessa osoitetaan nuo väitteensä vääriksi, niin että sielu ei milloinkaan ollut todella autuas, vaan vasta heti vapautumisensa jälkeen se panee alulle olemisensa tietyssä uudessa eikä petollisessa autuudessa. Ja tämän vapautumisen tähden tullaan sanomaan, että sielu saavutti jotakin uutta, ja että se saavutettu on sangen suuriarvoista ja selvää, koska sielu ei milloinkaan päädy takaisin kurjuuteen iankaikkisuudessa.

Jos he tämän sielun uuden tilan tähden kieltävät, että Jumalalla on iankaikkisesti ollut mielessään tämän uudistamisen ajatus, he samalla kieltävät Jumalan olevan autuutensa aikaansaaja, mikä kieltäminen on ominaista jumalattomalle kunnottomuudelle. Jos, edelleen, he väittävät, että itse Jumalakin olisi harkinnut uuden suunnitelman mukaisesti, niin että siitä harkinnasta edespäin sielu olisi autuas iankaikkisesti, miten he tulevat osoittamaan, millä tavalla tämä väite poikkeaa Jumalan muuttuvaisuuden näkökulmasta siitä käsityksestä, joka ei miellytä heitä itseäänkään [että Jumalassa olisi muutosta]?

Sitten, jos he myöntävät, että sielu on luotu tietystä ajasta alkaen, mutta siitä eteenpäin ajassa

---

asiakohdissa, mistä hän tekee analyysejä myös Conf. VII,9,20,21. Hän myöntää toisaalta muutamat uusplatonikkojen käsitykset kristinuskon mukaisiksi, erityisesti sen, että Jumala on muuttumaton sanassaan. Raamattu ja Luther toistavat tätä totuutta paljon. Augustinus kumosi kaikissa väittelyissään eri harhoja vastaan erehdykset erityisesti tällä, ettei Jumalassa ja hänen sanassaan milloinkaan ole muutosta. Kts. **Augustinus, Kristillinen Opetus**, s. 76 ind. 1, ja ss. 224-225 sekä teoksen hakusana *muuttumaton.* Myös: **Olli, Kirkkoisä Augustinuksen syntikäsitys**, luku 2.2, Jumala ja Sanan muuttumattomuuskäsitys Tunnusten (Confessiones) motiivien järjestävänä prinsiippinä, s. 28 s.; analysointi platonikkoihin nähden on ss.148-152. -**Raamatussa** esim. 1 Piet. 1:25, Jes. 40:8, Ps. 119:140,152; Matt. 5:18; 24:35 etc. -**Luther** tunnetusti liittyy Augustinukseen, esim. **Kirkkopostilla** Joh. 1:1-14 selitys, WA 10 1,1, 180-247: Sana ja Jumala ovat muuttumattomia ja iankaikkisia, koska ne eivät ole saaneet syntyänsä alussa, vaan olivat alussa. Raamatun ja Jumalan olemuksen välisestä suhteesta hän sanoo: "Koska ei ole mitään muuta Jumalaa kuin yksi ainoa, on tämä sama Jumala olemuksensa puolesta täydelleen se sana, josta hän puhuu; jumalallisessa luonnossa ei ole mitään sellaista, jota ei ole Sanassa." Edelleen, koska suu kuvaa luontevasti sydämen, niin on Jumalassakin: "Sana on siinä määrin aivan niin kuin hän itse, että Jumala kokonaan on siinä: sillä ihmisellä, jolla on sana, on myös Jumala kokonaan." WA 10,1,1, 180-247. **Olli, Kirkkoisä Augustinuksen** Syntikäsitys, s. 148 ind. 19.

ei milloinkaan ole syntymäänsä taas kokeva, ja sielu – kuin lukumäärä[25] – saa alkunsa, mutta ei loppua, ja siten sielu koettuaan kerran vaivaa ei milloinkaan ole kokeva onnetonta tulevaisuutta, jos se kurjuuksista oli vapautettu: he eivät ensinkään epäile, että tämä tapahtuu samanaikaisesti, kun Jumalan suunnitelma pysyy muuttumattomana. Niinpä siis uskokoot, että maailmakin on voinut syntyä tietystä ajasta alkaen, eikä kuitenkaan sen vuoksi Jumala sen luodessaan ollut muuttanut iankaikkista suunnitelmaansa ja tahtoansa.

---

[25] Lat. **tamquam *numerum* habere initium.** Latinan sanalla *numerus -i,* mask. on useita merkityksiä, kuten *lukumäärä.* Tämän tässä soveltuvan merkityksen mukaan lukumäärät alkavat ykkösestä ja jatkuvat äärettömään ilman loppua. Sanalla on myös merkitys *lukuarvo.* Voitaneen ajatella niinkin, että kaiken järjestyksen Jumala on iankaikkisuudessa antanut alun lukuarvoille, joilla sitten ei ole mitään loppua, niin että esimerkiksi 2x2=4 on totta poikkeuksetta ja ilman "korruptiota" tässä ajassa ja iankaikkisuudessa, jossa tuo tulo varmasti on edelleen voimassa loputtomasti. Edelleen *numerus* merkitsee myös *osaa,* ja *osien kaunista suhdetta kokonaisuuteen* (Langenscheidts Handwörterbuch, numerus, 2). Tämän mukaisesti Jumala käsittelee luomakuntansa osia niin, että ne muodostavat kauniin alun ja kokonaisuuden ajassa, niin että kaikki luotu yhdessä on *sangen hyvää* (Gen. 1:31), ja niin, että hänen muuttumattoman tahtonsa mukainen täysi luku ja osuus jatkuu iankaikkisuudessa ilman Jumalan tahdon ja luomisajatuksen muutosta. Vrt. esim. Room. 11:25; Ps. 147:4. Ilmestyskirjan 7:4 mainitsema luku 144.000 on metafora = täysi luku.

Määrättömän pitkät ajat ennen maailman luomista ovat yhtä mahdottomia kuin määrättömät alueet luodun maailman ulkopuolella.

Luku XI,5
Sitten meidän on katsottava niitä, jotka ovat kanssamme yksimielisiä siitä, että Jumala on maailman luoja, mutta kuitenkin kysyvät meiltä, mitä heille vastaamme maailman luomisen ajanjaksosta. Mitä he itse vastannevat maailman luomisen laajuudesta? Kysytään näet näin: miksi maailma on luotu mieluummin juuri silloin [kuin Raamattu sanoo], eikä sitä aikaisemmin? Mutta samalla tavalla voidaan kysyä [heitä vastaan], miksi maailma sijaitsee juuri siellä, missä se on, eikä muualla.

Sillä jos he mietiskelevät määrättömiä aikajaksoja ennen maailman olemassaoloa, jolloin heidän mielestään Jumala ei olisi voinut olla toimettomana, vastaavasti heidän tulee mietiskellä määrättömiä avaruuden alueita. Jos kuka tahansa väittää, ettei Kaikkivaltias niissä olisi voinut olla toimettomana, eikö silloin seuraukseksi tule, että pakotetaan uneksimaan lukemattomasta määrästä maailmoja yhdessä Epikuroksen kanssa? Vain se ero on, että Epikuros synnytti ja purki maailmat atomien sattumanvaraisilla liikkeillä, mutta nämä kysyjät puolestaan tulevat sanomaan, että ne tehtiin Jumalan työllä.

Jos he eivät tahdo, että Jumala olisi toimettomana halki maailman ulkopuolella olevien alueiden rajoittamattoman mittaamattomuuden, ei siis noita maailmoja mikään syy voi purkaa[26] – minkä seikan he myös maailmasta [sen pysyvyydestäkin] oivaltavat.

Me keskustelemme niiden kanssa, jotka ovat meidän kanssamme samaa mieltä sekä siitä, että Jumala on aineeton, että siitä, että hän on kaikkien niiden luonnon laatujen [aineellisten ja aineettomien] Luoja, jotka eivät ole olemukseltaan sama kuin hän itse. Mutta muita tahoja on liian ansaitsematonta päästää osalliseksi tähän uskontoa koskevaan keskusteluun. Varsinkin koska niiden joukossa, jotka katsovat, että tulee suosia alttiutta monien jumalien palvelemisiin, nuo yhden Jumalan tunnustaneet ovat voittaneet muut filosofit kuuluisuudellaan (nobilitate) ja arvonannossa (auctoritate); eivät muusta syystä, paitsi koska – tosin pitkältä etäisyydeltä – kuitenkin ovat muita lähempänä totuutta.

Vai tulevatko hekään sanomaan Jumalan olemuksen olevan poissa tuollaisista maailman ulkopuolella olevien alueiden etäisyyksistä, ja toimivan tuohon äärettömyyteen verraten vain yhdessä tarkoin määrätyssä paikassa, jossa maailma on; tunnustaen Jumalan olemuksen aineettomaksi ja kaikkialla kokonaisuudessaan läsnä olevaksi, kuten on arvollista ajatella Jumalasta, eivätkä sulje tai rajoita Jumalan olemusta tilaan, eivätkä sitä venytä tilassa eri suuntiin?[27] En luule heidän tuollaisiin huiputuksiin asti edistyvän.

Kun he siis sanonevat, että on olemassa yksi maailma, massaltaan tosin suunnaton, kuitenkin määrätty ja sijainniltaan määrätty, Jumalan työnä tehty, mitä he [siis] antavat vastaukseksen ulkopuolella maailmaa olleista määrittämättömistä aloista kysymykseen, minkä tähden Jumala

---

[26] Toisin sanoen, vain jos he tahtovat, että Jumala toimii kaikkialla, löytyy syy luomiseen ja purkautumiseen, jollei sitä sattumanvaraisesti toimivat atomitkaan aikaansaa, minkä he epikurolaisuutta vastustaen kielsivät.

[27] Vrt. Kol. 2:9, **Olli, Augustinuksen Syntikäsitys Confessiones-teoksessa**, aristotelismiin nähden ss. 44–47; Albertus Magnus, dominikaanit ja Johann Tezel ja Tuomas Akvinolainen mainitaan aristotelismin tuojina teologiaan s. 237. Katso myös: Augustinus, **Confessiones** IV,16 etc.; **Luther, Valitut Teokset**, III, s. 306 etc.

niissä taukoaisi toiminnastaan, se heidän pitää antaa vastaukseksi itselleen ennen maailmaa olevista määrittämättömistä ajoista kysymykseen, miksi sitten niihin aikoihin Jumala lakkasi työstään. Ja niin kuin johtopäätös ei ole, että Jumala olisi perustanut maailman sattuman varaisesti mieluummin kuin jumalallisella suunnitelmallisella menettelyllä, silti siihen paikkaan, missä se on, vaikka vastaavasti maailmalle oli tarjona laajeta kaikkialle määrättömästi, niin ettei sen tällä sijainnilla ollut mitään ansiota tulla valituksi – vaikkakaan juuri samaa jumalallista suunnitelmallista menettelyä ei mikään inhimillinen arvostelukyky voikaan ymmärtää; vastaavasti johtopäätös ei myöskään ole se, että oletamme Jumalalle tapahtuneen jotakin sattumanvaraisesti sillä perusteella, että hän loi maailman luomisen aikaan mieluummin kuin aikaisempina aikoina, vaikka vastaavasti aikaisemmat aikakaudet halki määrittämättömien ajanjaksojen olisivat uudelleen kulkeneet kiertoansa, eikä niin olisi ollut mitään erotusta, johon nähden pantaisiin valinnassa jokin aika toisen etusijalle.

Jos siis he sanovat, että sellaiset inhimilliset mietiskelyt ovat turhia, joissa kuvitellaan määräämättömiä alueita, koska ei ole mitään alueita maailman ulkopuolella, vastataan heille tällä tavoin: turhanaikaisesti ihmiset mietiskelevät luomista edeltäneitä aikojakin, jolloin Jumala olisi toimimaton, koska ei ole olemassa mitään aikaa ennen maailmaa.[28]

---

[28] Vrt. Apt. 17:26.

Maailman luominen ja sen luomisen aika kuuluvat yhteen niin, ettei toista voi panna toisen edelle.

Luku XI,6

Jos näet oikein ratkaistaan ikuisuus ja aikajakso, niin koska aikajaksoa ei ole olemassa ilman jotakin muuttuvaa liikuteltavaa, iankaikkisuudessa sitten ei ole olemassa mitään muutosta.[29] Kukapa ei siis näkisi, ettei aikajaksoja olisi ollut olemassa, jollei olisi syntynyt luomakunta, joka muuttaisi jotakin jollakin liikkeellään, jonka liikkeen ja muutoksen ajan kulumisissa – lyhyemmissä tai pitkitetymmissä jaksoissa – aika on seurauksena, silloin kun yhtäaikaisesti molemmat eivät voi olla olemassa, kun maailma tuli vaikutusten alaiseksi ja kehittyi sen jälkeen.

Kun siis Jumala, jonka [olemuksen] iankaikkisuudessa ei lainkaan ole mitään muutosta, on aikajaksojen luoja ja järjestykseen panija, en näe, millä tavoin hänen sanottaisiin joidenkin aikakausien jälkeen luoneen maailman, jollei sanottaisi jo ennen maailmaa olleen jonkin luomakunnan, jonka liikkeistä ajat ovat seurauksena.

Edelleen, jos pyhät ja täydellisimmin totta puhuvat Kirjoitukset sanovat, että ***alussa** Jumala loi taivaan ja maan,*[30] jottei ymmärrettäisi mitään olleen ennen sitä, koska sanotaan mieluummin tehneen näin *alussa*, kuin jos olisi jotakin tehnyt ennen kaikkea sitä muuta, mitä teki, kaukana epäilyksestä siis on, ettei maailmaa tehty aikajaksossa, vaan aikajaksolle alttiiksi.[31]

Se näet mikä tapahtuu ajassa, tapahtuu sekä jonkin ajan jälkeen että ennen jotakin aikaa – sen ajan jälkeen, joka on ohi mennyt, ja sitä ennen, mikä on tuleva. Mutta ei vielä mitään ohimennyttä aikaa voisi olla olemassa, koska ei ollut mitään luotua, jonka liikkeistä aika kehitettäisiin.

Aikajaksolle alttiiksi näet maailma tehtiin, jos ajan edellytyksenä on muuttumiseen mahdollinen liike, kuten nähdään, että maailmalla on tuo ensimmäisten kuuden tai seitsemän päivän järjestys, joiden päivien suhteen mainitaan nimeltä sekä aamu että ilta, kunne se kaikki, minkä Jumala näiden päivien aikana loi, kuudentena päivänä saatetaan valmiiksi ja suuressa salaisuudessa Jumalan lepoon katsoen[32] jätetään haltuumme. –Millaisia nämä päivät ovat, ne ovat meille joko erittäin vaikeita tai mahdottomia ajatella, kuinka paljon enemmän vielä osoittaa.

---

[29] Vrt. Ilm. 10:6. **Augustinus, Herramme Vuorisaarna**, 2.7.27, s. 109. Tässä Augustinus puhuu ajan kierrosta, jota iankaikkisuudessa ei enää ole.

[30] Gen. 1:1

[31] Lat. procul dubio non est mundus factus **in tempore, sed cum tempore**. - Oikeastaan: ... ei ajassa, vaan ajan kanssa/kera > ajalle alttiiksi. Engl.: not created in time, but with time. Saks.: die Welt nicht in der Zeit, sondern zugleich mit der Zeit erschaffen worden. ... ei ajassa, vaan samalla kertaa ajan kanssa luotiin.

[32] Gen. 2:1-2; kuusi luomisen päivää Gen. 1:1-31.

Ensimmäisten luomispäivien laadusta, josta opetetaan, että niillä päivillä oli ilta ja aamu ennen kuin aurinko syntyi.

Luku XI,7

Näemme kyllä tunnetut vuorokautemme, ettei niillä ole iltaa muutoin kuin auringon laskiessa, eikä aamua, paitsi auringon noustessa. Mutta ilmoitetaan, että noista luomispäivistä kolme ensimmäistä täyttyi ilman aurinkoa, joka ilmoitetaan luoduksi neljäntenä päivänä. Ja kuitenkin kerrotaan, että ensimmäiseksi Jumalan sana teki valon, ja teki erotuksen sen ja pimeyden välillä, ja samaisen valon nimesi päiväksi. Mutta aisteiltamme on kaukana se, millainen on tuo valo, ja millä vaihtelevalla liikkeellä ja millaisen aamun ja illan hän teki. Eikä hän tätä päivää tehnyt niin, että se voitaisiin puoleltamme ymmärtää; luominen kuitenkin on uskottava ilman mitään epäröimistä.

Näet, yhtäältä joko on olemassa jokin toinen aineellinen aurinko, joko maailman ylimmissä osissa kaukana mahdollisuuksistamme nähdä se, tai paikassa, josta se vähän myöhemmin syttyi loistamaan, tai sitten valon nimellä ilmaistaan pyhien yhteisö pyhissä enkeleissä ja autuaissa hengissä, joista apostoli sanoo: *Se Jerusalem, joka on ylhäällä, on iankaikkinen äitimme taivaissa.*[33] Sanoopa hän toisessakin paikassa: *Kaikki te olette valkeuden lapsia ja Jumalan lapsia, emme ole yön emmekä pimeyden lapsia.*[34] Jospa kuitenkin täten voinemme käsittää jossakin määrin [Genesiksen] ilmaisua vastaavasti sekä käsitteet *aamu* että *ilta.*[35]

Sillä tiede luomakunnasta verrattuna Luojansa tietoon on jollakin tapaa kuin illan hämärtyminen.[36] Vastaavasti aamu sarastaa ja aamu koittaa, kun tietoamme luomakunnasta suunnataan Luojansa ylistämiseen ja rakastamiseen, eikä käännytä siihen yöhön, jossa ollaan välittämättä Luojasta luomakuntansa väärän rakastamisen tähden. Yleensä, kun Raamattu luettelee nuo luomispäivät järjestyksessään, se ei milloinkaan ole sijoittanut väliin: *tuli yö*, vaan: *tuli ilta ja tuli aamu, ensimmäinen päivä.* Näin Raamattu ilmaisee myös toisen päivän ja muut nuo päivät.

---

[33] Gal. 4:26, Hebr. 12:22; Ilm. 3:12; 21:2,10.
[34] 1 Tess. 5:5.

[35] Augustinus käsitteli Genesiksen ensimmäistä lukua erillisissä teoksissa seuraavasti: **1. De Genesi contra Manichaeos, libri duo, Genesiksestä manikealaisia vastaan, kaksi kirjaa**. V. 388–390. Ensimmäinen kirja käsittelee Jumalan työtä kuuden päivän aikana, toinen etenee Adamin ja Eevan paratiisista karkottamiseen asti. **2. De Genesi ad litteram, imperfectus opus, Genesiksestä sanan varsinaisen merkityksen mukaan tarkasteltuna, keskeneräinen teos**, v. 393/394. Tässä Augustinus, selitettyään edellisessä teoksessa luomisen alkujakeita kuvaannollisesti, yrittää selittää selväkielisesti ja suoraan luomisen tosi tapahtumia. Yritys jäi sillä haavaa kesken. **3. De Genesi ad litteram, duodecim, Genesiksestä sanan varsinaisessa merkityksessä, kaksitoista kirjaa**, vv. 401–414/415. Tässä noin 15 vuoden kuluessa muun työnsä ohella tekemässään selityksessä – hän kirjoitti myös De Trinitate -teostaan noin 399–419 – tuli Raamatun sanan mukainen selitys laajempaan, terävään kosmologiseen ja antropologiseen tarkasteluun, Adamin paratiisista karkottamiseen asti, tietyin varauksin. Hän itse sanoo siitä: "Ei allegoriskuvannollisten merkitysten mukaan, vaan varsinaisten tapahtumien tosiasioiden mukaan." – Käsillä olevaa De Civitate Dei -kirjan XI luvun, hän kirjoitti v. 417. Tässä esillä olevaan kuvannolliseen selitykseen yhtyy jatkossa kosmologinen selitys esim. enkelien osalta. – Koko De Civitate Dei -kirja tehtiin 413-426/7. – Olli, **Kirkkoisä Augustinuksen Syntikäsitys Confessiones-teoksessa**, ss. 206–208, 191.

[36] Augustinus palaa tähän aiheeseen myös XI,29. Siinä hän erittelee luomistöiden tuntemista yhtäältä luomisen syiden tietämisen perusteella, toisaalta tutkimalla luotuja asioita. Näistä tavoista edellinen vie tarkempaan käsitykseen.

Luomiskunnan tuntemus on itsessään [omin voimin] kuin kuvattavan kohteen värin menettäjä, niin sanoakseni, verrattuna siihen, kun luomakunnan tuntemista opitaan Jumalan viisaudessa ikään kuin taiteessa, jolla se on luotu. Niinpä voidaan kuvata tuota tuntemista mieluummin sanalla *ilta* kuin sanalla *yö*. *Ilta* kuitenkin – kuten mainitsin – joutuu aamun koittoon, silloin kun se suunnataan mielessämme Luojansa ylistämiseksi ja rakastamiseksi. Ja silloin kun se tämän tuottaa juuri itsensä tuntemisessa, *ensimmäinen päivä* on käsillä. Kun se tapahtuu *taivaanvahvuuden* tuntemisessa, joka *vahvuus on taivaan alapuolella ja yläpuolella olevien vesien välillä, toinen päivä* on käsillä. Kun *maan ja meren vesien* tuntemisessa se on tapahtunut ja kaikkien sellaisten *kasvien*, jotka pysyvät maassa juurillaan, *kolmas päivä* on. Kun *suuremman ja pienemmän taivaanvalon ja kaikkien tähtien* tuntemisessa se tapahtuu, *neljäs päivä* on. Kun *kaikkien vesistä syntymänsä saaneiden eläinten ja siivekkäiden tuntemisessa* se tapahtuu, *viides päivä*. Kun kaikkien *maaeläinten* ja itsensä *ihmisen* tuntemisessa Jumalaa kiitetään ja rakastetaan, koituu *kuudes päivä*.

Sen Jumalan levon merkitys, joka lepo seurasi Jumalan kuuden päivän töitä seitsemäntenä päivänä.

Luku XI,8

Mutta kun *Jumala lepäsi seitsemäntenä päivänä kaikista töistään ja pyhitti sen*, ei ensinkään pidä omaksua tätä lapsellisesti, ikään kuin Jumala olisi tehnyt työtä työskentelemällä. Hän, joka *sanoi, ja tapahtui niin*, työskenteli ymmärrettävällä ja iankaikkisella sanalla, mutta ei soinnillisella ja aikaan sidotulla.[37] Mutta Jumala lepo merkitsee niiden lepoa, jotka lepäävät Jumalassa, kuten asuintalon ilo merkitsee niiden iloa, jotka iloitsevat talossa, vaikkakaan ei itse asumus, vaan jokin muu asia, aikaansaa iloitsevat.[38]

Kuinka paljoa enemmän [iloa tuottavaa sitten on], jos [myös] samainen talo kauneudellaan tekisi asukkaansa iloisiksi, niin ettei mainittaisi *iloa* vain sanontatavan sellaisella kuviolla, jossa ilmaisemme sen kautta, mikä on sanonnan merkitys, vain sen sisältöä – kuten "katsomot taputtavat, niityt ammuvat", silloin kun ihmiset taputtavat ja nautakarja ammuu – vaan sellaisella tavalla, jossa tarkoitetaan vaikuttamisen kautta sitä, mitä saadaan aikaan; kuten sanotaan "iloinen kirje" tarkoittaen niiden iloa, jotka kirje aikaansaa iloisiksi sitä lukiessaan.

Soveltuvimmin siis, silloin kun profeetallinen auktoriteetti kertoo *Jumalan levänneen*, tarkoitetaan **niiden lepoa, jotka** Jumalassa lepäävät, ja jotka **Jumala itse saattaa lepäämään**. Tämä [tapahtuu] ihmisillekin, joille Jumala puhuu, ja joiden vuoksi joka tapauksessa edeltä annettu profetia on kirjoitettu, koska he itsekin tulevat saamaan Jumalassa levon hyvien töittensä jälkeen, jotka Jumala heissä ja heidän kauttaan toimittaa, jos he häneen ensin jollakin keinoin yhtyvät elämässään uskon kautta.

Tätä näet myös kutsu sapatinlepoon kuvaa Jumalan Vanhan Testamentin kansassa Lain määräyksen mukaisesti. Arvelen, että sitä pitää sieltä asianomaisesta paikastaan tarkemmin tutkiskella.

---

[37] Lat: **non sonabili et temporali. Temporalis**, jälkiklassinen termi, saks. eine Zeit während, ei ajan kuluessa > ei aikaan sidotulla sanalla.

[38] Jatkossa Augustinus selittää varsin yksityiskohtaisesti tätä sekä Raamatussa että tavallisessa puheessa käytettyä kielikuviota, nimeltään **metonymia**. Katso siitä myös esim. tietosanakirjasta, tai **Augustinus**, **Kristillinen Opetus**, metonymia, s. 217, tai **Augustinus**, **Herramme Vuorisaarna** 2.9.31, ind. 2, s. 113. – Kerrotaan juttua, että huvittaakseen kuulijoitaan metonymiaan aina sanaleikin tapaan sisältyvällä merkityksen kaksinaisuudella muuan Ladan omistaja sanoi: "Ladani ei koskaan ole jättänyt minua tielle, mutta minä olen muutaman kerran jättänyt tielle Ladani."

Mitä Raamatun perusteella tulee ajatella enkelten luomisesta ja heidän autuutensa perusteesta.

Luku XI,9

Nyt, koska olen päättänyt puhua pyhän yhteisön alkuperästä, tulen tekemään tarvittavassa määrin siitä selityksen, Herran niin suodessa. Ja olen arvellut, että aluksi on sanottava siitä, mikä koskee pyhiä enkeleitä. He muodostavat tämän pyhäin valtion tärkeän osan, ja siinä autuaamman osan, koska he eivät vaeltele outoina tämän valtakunnan ulkopuolella, mistä Jumalalliset Kirjoitukset antavat runsaasti todisteita.

Siellä missä Pyhät Kirjat puhuvat maailman perustamisesta, ei silmiin pistävästi mainita yhtäältä luotiinko heidät, tai sitä kohtaa järjestyksessä, jossa enkelit luotiin. Mutta jos enkeleitä ei jätetty luomatta, heidät on ilmaistu joko *taivaan* nimissä siinä, missä on sanottu: *alussa Jumala loi taivaan ja maan;* tai mieluummin heidät on mainittu sen *valon* nimissä, josta olen tässä puhumassa.

Mutta en arvele enkeleitä jätetyn luomatta sen johdosta, että on kirjoitettu Jumalan levänneen seitsemäntenä päivänä *kaikista* luomistaan töistä, ja koska Raamattu itse alkaa: *alussa Jumala teki taivaan ja maan,* niin että näyttää, ettei hän tehnyt mitään ennen taivasta ja maata.

Kun näet maa ja taivas ovat alkaneet olla olemassa, ja jos sen jälkeen on pantuna järjestykseen se kaikkeus, joka kerrotaan kehitetyksi täyteyteensä kuuden päivän kuluessa, millä tavalla enkelit olisivat jätetyt luomatta ikään kuin nämäkin eivät olisi kuuluneet Jumalan töihin, joiden jälkeen hän lepäsi seitsemäntenä päivänä? Maan ja taivaan Jumala ensimmäiseksi loi, kuten Raamattu johdonmukaisesti esittää, tehtynä huomaamattomaksi ja järjestymättömäksi, eikä valo vielä ollut luotuna, ja varsinkin pimeys oli syvyyden päällä – siellä näet, missä ei valoa ole, on välttämättä pimeys. Vaan Jumalan työksi tässä enkelit todella on esitetty, joskaan ei luomatta jätettynä työnä, niin ei myöskään silmiin pistävästi luomista kuvattuna. Mutta muualla pyhien Kirjoitusten mitä kirkkain ääni tätä todistaa. [39]

Sillä Ylistyspsalmissa kolmesta miehestä tulisessa pätsissä, kun oli käsketty: [40] *"Kaikki teot kiittäkööt herrain Herraa",* näiden tekojen kiittämisen toimeenpanemisessa enkelitkin ovat nimeltä mainittuina. Ja Psalmissa lauletaan: *Ylistäkää Herraa taivaista, ylistäkää häntä korkeuksissa. Ylistäkää häntä kaikki hänen enkelinsä. Ylistäkää häntä kaikki hänen hyveelliset voimansa.* [41] *Ylistäkää häntä kaikki tähdet ja kuu. Ylistäkää häntä taivaitten taivaat, ja ne vedet,*

---

[39] Tähän voitaneen lisätä Ef. 1:4-5 lause: *Jumala on ennen maailman perustamista valinnut pyhänsä olemaan pyhät ja nuhteettomat hänen edessään, rakkaudessa, edeltäpäin määräten meidät lapseuteen, hänen yhteyteensä Jeesuksen Kristuksen kautta, hänen oman tahtonsa mielisuosion mukaan.* Tähän tahtoon viittaa luomiskertomuksen lause: *Tehkäämme ihminen kuvaksemme, kaltaiseksemme (Gen. 1:26).* Jumalalla oli siis periaatteet eli prinsiipit, miten hän luo ja luomakuntaansa hallitsee jo ennen luomista. Näiden periaatteiden ensimmäiseen päivään tulivat myös kanssahallitsijat ja vanhurskauden palvelijat, enkelit.

[40] Dan. 3:1-33. Seuraavassa sitaatissa mainittu käsky ja ylistys ovat Vulgatan mukaan jakeessa Dan. 3:57 s., jota kohtaa heprealaiseen Raamattuun kuulumattomana ei ole Kirkkoraamatussamme. Vastaava puheena oleva käsky ja enkelten ylistys ovat kuitenkin Kirkkoraamatussamme Ps. 148:1-5. Tähän Psalmiin seuraavaksi Augustinus viittaa.

[41] Lat. **Vulgata,** Dan. 3:61: *virtutes Domini > eius,* kirjaimellisesti: *hyveelliset Herran voimat.* KR: *sotajoukkonsa;* niin myös Vulgata hepreasta käännettynä Psalmissa 148:2: *exercitus eius,* mutta Septuagintasta käännettynä: *virtutes eius.* LXX:n seitsemänkymmenen kääntäjän mukaan (Ps. 148:2): πᾶσαι αἱ δυνάμεις αὐτοῦ, *kaikki hänen voimansa.* < **Biblia Hebraica:** כָּל־צְבָאָ֖יו , *koko sotaväkensä/armeijansa.* Vanha Testamentti viittaa tällä sanalla

jotka ovat taivaitten yllä.[42] *Ylistäkööt nämä Herran nimeä, sillä juuri Hän sanoi, ja tapahtui niin; itse Hän käski ja ne tulivat luoduiksi.*[43]

Myös tässä Psalmissa mitä avonaisimmin on sanottuna, että Jumala loi enkelit jumalallisella vaikutuksellaan, kun kaikkien näiden luotujen asioiden väliin, niistä mainittaessa, lisätään kaikkia mainittuja luotuja koskien: *Hän sanoi, ja tapahtui niin.* Kuka sitten uskaltaa kaikkien näiden asioiden jälkeen, jotka seitsemän luomispäivää luetteloi, pitää luuloteltuna sitä, että enkelit luotiin?

Mutta jos nyt joku on niin mieletön, hänen turhanpäiväisyytensä kumoaa tuo Raamatunkohta yhtäläisen arvovaltaisesti, missä Jumala sanoo: *Silloin kun tähdet syntyivät, kaikki enkelini ylistivät minua suureen ääneen.*[44] Enkelit siis olivat olemassa silloin, kun tähdet syntyivät. Tähdet taas luotiin neljäntenä päivänä.

Luotiinko enkelit ehkä kolmantena päivänä? – Olkoon se ajatus kaukana! Nähtävissä näet on, mitä sinä päivänä luotiin. Maa varsinkin erotettiin vesistä, ja nuo kaksi elementtiä alkoivat tekemään tarkoin erotettuja lajinsa mukaisia lajeja. Ja maa tuotti esiin, mitä tahansa siihen oli kiintynyt juurtuneesti.[45]

No, mahdollisesti sitten jotenkin toisena päivänä? – Ei mitenkään niin! Silloin näet luotiin taivaanvahvuus sen yläpuolella ja alapuolella olevien vesien väliin, ja se nimitettiin taivaaksi. Tähän taivaanvahvuuteen luotiin tähdet.

Epäilemättä siis, jos näiden päivien luomisiin enkelit sisältyvät, he itse ovat tuo *valo*, joka otti *päivän* nimekseen. Se, että tämä on yhdenmukainen ilmaisu, suljetaan suosioomme. Eikä ole

---

sotaväki luomisen yhteydessä enkeleihin, muutoin tähtiinkin, kaikkeen voimaan, joka toimittaa Luojansa tahtoa. Siksi Hieronumus ja LXX kääntävät sanalla *virtutes* ja ´*dynmiittinsa*´ > *voimansa*.

[42] Vrt. Gen. 1:7.
[43] Ps. 148:1-5.

[44] Job 38:7. Lat. *quando facta sunt sidera, laudaverunt me voce magna angeli mei.* – Vulgata: *cum me laudarent simul astra matutina et iubilarent omnes filii Dei,* kun minua yhdessä ylistivät aamutähdet ja kaikki Jumalan pojat. < LXX: ὅτε ἐγενήθησαν ἄστρα, ἤνεσάν με φωνῇ μεγάλῃ πάντες ἄγγελοί μου. Kun tähdet syntyivät, kaikki enkelini ylistivät minua suureen ääneen. < Biblia Hebraica:
בְּרָן־יַחַד כּוֹכְבֵי בֹקֶר וַיָּרִיעוּ כָּל־בְּנֵי אֱלֹהִים׃ , - *Aamutähtien täydessä riemuitsemisessa* = *Silloin kun aamutähdet täysin riemuitsivat* (בְּרָן), kyseessä on heprean ´raanan´-verbin, huutaa riemuiten, indikatiivinen infinitiivi varustettuna inessiivisellä prepositiolla, ajallisesti: silloin kun. Verbillä on vahvistuksena adverbi, täysin. Säe jatkuu: *Kaikkivaltiaan Jumalan kaikki pojat* (כָּל־בְּנֵי אֱלֹהִים) *huusivat riemuaan* (וַיָּרִיעוּ). *Jumalan pojilla* eli *lapsilla* Raamattu tarkoittaa niitä, *joille Jumalan sana on tullut,* luomisen yhteydessä enkeleitä. Sillä olemukseltaan Jumalalla on vain yksi Poika pyhän uskomme mukaan, muut ovat poikia ja lapsia – enkeleitä tai ihmisiä – Jumalan sanan uskomisen kautta, lapseksi ottamisen kautta (Hebr. 1:1-8; Joh. 10:34-36 etc.). Aamutähdet tietenkin nousullaan ja säteilyllään riemuitsevat. Enkelien riemuiten huutamisesta (וַיָּרִיעוּ) heprea käyttää ´*huutaa suureen ääneen*´ -verbin indikatiivin perfektin pl. mask. 3. p. -muotoa. – Luther (1545): *Da mich die Morgensterne miteinander lobeten und jauchzeten alle Kinder Gottes. Kun aamutähdet yhdessä ylistivät minua ja huusivat riemuiten kaikki Jumalan lapset.*

[45] Gen. 1:9-13.

sanottu ensimmäinen päivä, vaan *yksi päivä*.[46] Eikä muu päivä ole toinen päivä tai kolmas tai muut luomispäivät. Vaan juuri sama *yksi* toistettiin lukumäärän täydentämiseksi kuusi tai seitsemän osaa käsittäväksi *tuntemiseksi*. Nimittäin niiden kuusi osaa käsittävien luomistöiden tuntemiseksi, jotka Jumala loi, ja seitsenosaisen Jumalan levon tuntemiseksi.[47]

Silloin nimittäin, kun Jumala sanoi: *"Tulkoon valkeus"*, *ja valkeus tuli,* jos oikein ymmärretään tässä *valossa* tapahtuneen enkelten luominen, he ovat todellakin tehdyt siihen valoon osallisiksi. Koska valo on itse Jumalan muuttumaton Viisaus, jonka kautta kaikki luotiin. Häntä sanomme Jumalan ainoasyntyiseksi Pojaksi, niin että sillä valolla valaistuina, jolla enkelit luotiin, he tulivat valoksi ja heitä nimitetään päiväksi osallisuuden perusteella muuttumattomaan valoon ja päivään. Tämä valo ja päivä on Jumalan sana, jonka kautta he itsekin ja kaikki luotiin. Epäilemättä Hän on *totinen Valo, joka valaisee kaikki ihmiset tullessaan tähän maailmaan.*[48] Hän valaisee jokaisen enkelinkin, jotta tämä olisi *valo*, ei itsessään, vaan Jumalassa.

Jos enkeli kääntyy halveksien pois tästä valosta, hän tulee saastaiseksi. Sellaisia ovat kaikki, joita nimitetään saastaisiksi hengiksi, eikä enää *valkeudeksi Herrassa*, vaan itsessään he ovat *pimeyksiä* riistettyinä pois iankaikkisen valon osallisuudesta. *Eihän mikään luonto ole paha,*[49] mutta hyvän väheneminen siinä luonnossa, saa nimittämään sitä pahaksi.[50]

---

[46]: Lat Non est dictus dies primus, sed dies unus. < Vulgata (Gen. 1:5): *factumque est vespere et mane, dies **unus***. < LXX: kai; ἐγένετο ἑσπέρα καὶ ἐγένετο πρωί, ἡμέρα μία. < Biblia Hebraica: וַיְהִי־עֶרֶב וַיְהִי־בֹקֶר יוֹם אֶחָד *Ja tuli ilta ja tuli aamu, yksi päivä.* Näin ilmaistaan ensimmäinen luomispäivä sekä hepreaksi että LXX kreikaksi ja Vulgata latinaksi. Hepreassa on järjestysluku vain luvuille 1-10, joita käytetään varsinkin päiväyksissä. Kaikkien muiden luomispäivien yhteydessä Biblia Hebraica käyttääkin järjestyslukua, toinen päivä, kolmas päivä jne. paitsi ensimmäisen päivän kohdalla, samoin myös LXX ja Vulgata.
– Luther Bibel ja King James kääntävät myös ensimmäisen päivän järjestysluvulla *ensimmäinen*.

[47] Augustinus tahtonee tällä sanoa, että *yksi päivä* osallisuudessaan Jumalan sanaan on täydellinen luomisteko ja *valkeus*, joiden osallisiksi enkelit luotiin. Toinen, kolmas, neljäs, viides, kuudes ja seitsemäs päivät eivät ole vain samanlaatuisia päiviä, vaan yksi ja sama päivä kerrotaan kuudesta tai seitsemästä näkökulmasta. Tuonnempana, XI;30, Augustinus sanoo: "Nämä luomisen asiat, edelleen, kuudella jaollisen luvun täydellisyyden tähden sanotaan kuusi päivää kestäviksi kertomalla sama päivä kuudella." Ja luvussa XI,31: "Mutta seitsemässä päivässä – se on samana päivänä seitsemästi kerrottuna, mikä seitsenluku itsekin toisella perusteella osoittaa täydellisyyttä – suljetaan suosioomme Jumalan lepo, jossa ensimmäistä kertaa kuullaan pyhittäminen." – Käsillä olevassa luvussa Augustinus sanoo, että yksi päivä toistettiin kuudella kuusiosaisen luomistyön *tuntemiseksi* ja vastaavasti seitsenosaisen levon *tuntemiseksi* – Lat. (alkaen lauseesta "Epäilemättä siis, jos näiden päivien luomisiin enkelit sisältyvät..."): nimirum ergo si ad istorum dierum opera dei pertinet angeli, ipsi sunt illa lux, quae diei nomen accepit, cuius unitas et commendaretur, non est dictus dies primus, sed dies unus, nec alius est dies secundus aut tertius aut ceteri; sed idem ipse unus ad impledum senarium vel septenarium numerum repetitus est propter senarium vel septenarium cognitionem scilicet operum, quae fecit deus, et septenarium quitetis dei.

[48] Joh. 1:9.
[49] Vrt. 1 Tim. 4:4 etc.

[50] Augustinus käyttää tästä **pahan alkusyystä**, eli hyvän vähenemisestä Jumalan hyvässä luonnossa, teknistä termiä **privatio boni**. Tämä hänen Raamattuun perustuva käsityksensä tuli voimakkaimmin esiin Augustinuksen taistellessa mainekalaisten harhoja vastaan. Kts. **Augustinus, Herramme Vuorisaarna**, XI-XII; **Olli, Kirkkoisä Augustinuksen syntikäsitys Confessiones teoksessa**, ss. 40-43; tuonnempana XI,22, sen ensimmäinen alaindeksi, etc.

Pyhän Kolminaisuuden, Isän, Pojan ja Pyhän Hengen, olemuksen yksinkertaisuudesta, kun Hänen olemuksessaan ei ole itse olemus yksi asia ja sen laatu toinen, vaan molemmat ovat sama asia.

Luku XI,10

Niinpä Jumalan luonto yksin on yksinkertainen, ja tästä syystä **se** on muuttumaton, jollainen Jumala on. [51] Tästä hänen hyvyydestään luotiin kakki hyvyydet, mutta luodut hyvyydet eivät luonnoltaan ole samoin yksinkertaisia, ja siksi ne ovat muuttuvaisia. *Luotuja* todella ne ovat, sanon, se on: *tehtyjä*, eivät *syntyneitä*.

Se näet, mikä on yksinkertaisesta hyvästä *syntynyt*, on yhtä lailla yksinkertainen; ja sellainen on Hän, joka on Hänestä syntynyt. Näitä kahta sanomme Isäksi ja Pojaksi. Ja nämä molemmat Henkensä kanssa ovat yksi Jumala. Tämä Isän ja Pojan Henki ilmoitetaan Raamatussa *pyhäksi* Hänen nimensä tietyn varsinaisen käsityksensä tähden.

Mutta Henki on toinen [persoona] kuin Isä ja Poika, koska hän ei ole enempää Isä kuin Poikakaan, *Toinen*, sanoin, en sanonut: **toisenlainen,** koska Hänkin yhtä lailla on yksinkertainen ja yhtä lailla muuttumattomasti hyvä ja yhtä iankaikkinen. Ja tämä Kolminaisuus on yksi Jumala.

Eikä se siitä syystä ole yksinkertainen, että se on Kolminaisuus. Emmekä niin ollen sen tähden sano Jumalan tuota hyvää luontoa yksinkertaiseksi, että siinä luonnossa olisi Isä yksinään, tai Poika yksinään tai Pyhä Henki yksinään; tai toisaalta että tuo Kolminaisuus olisi pelkkä nimellinen kolminaisuus ilma persoonien perusluontoa (substanssia), kuten sabelliolaiset hereetikot luulevat.[52] Vaan sen tähden Jumalan luontoa sanotaan yksinkertaiseksi, että mitä tuolla olemuksella on, sitä se on, lukuun ottamatta sitä, mitä sanotaan kustakin persoonasta suhteessa toiseen persoonaan.

Sillä, miten tahansa, Isällä on Poika, eikä hän ole Poika. Ja Pojalla on Isä, eikä kuitenkaan hän itse ole Isä. Missä asiassa siis lausutaan persoonan omaa itseänsä koskien, ei toisen persoonaa

---

[51] Jumalan luonnon yksinkertaisuuden Augustinus itse seuraavissa lauseissa opettaa. Muualla hän havainnollistaa sitä niinkin, että kun lumi sulaa, sitä ei enää nimitetä lumeksi vaan vedeksi. Kun Jumalan kaikki laadut merkitsevät *yksinkertaisesti* itse olemusta, niin esimerkiksi hänen rakkautensa ei koskaan sula tai muutu, vaan pysyy aina samana, kun rakkaus ei muutu toiseksi. Vrt. **Augustinus, Herramme Vuorisaarna** 2.24.79–81; **Kristillinen Opetus**, hakusana ´muuttumaton´, s. 253.

[52] **Sabellius** eli 200-luvun alussa. Hänen kannattajansa edustivat *modalista monarkianismia*. Monarkianismi tähdensi Jumalan ykseyttä joko niin, että Jeesuksella oli vain jumalinen voima, mutta hän ei ollut Jumala (= *dynaaminen monarkianismi*), tai niin, että Jeesus on Jumalan pojakseen adoptoima (mutta ei ole syntynyt Isästä iankaikkisuudessa = *adoptionaistinen monarkianismi*), tai niin, että Jeesus oli Jumalan ilmenemismuoto (mutta ei muodostanut omaa olemuksellista substanssia, persoonaa = *modalistinen monarkianismi*; tähän erityisesti Augustinuksen esillä olevat sanat viittaavat), tai, että itse Isä Jumala kärsi ristillä omassa luonnossaan (= *patripassianismi*; mutta ei kärsinyt omassa persoonassaan Poika, jonka olemuksen jumalallisen ja inhimillisen luonnon yhteyden erottamattomuuden tähden, tosin myös Jumalan luonto kärsi Jeesuksessa lunastaen häneen uskovat). Vrt. Teinonen, Teologian sanakirja, *monarkianismi, sabelliolaisuus*.
Monarkianistit saattoivat siis kieltää Jeesuksen jumaluuden näillä eri tavoilla vetoamalla väärin Jumalan olemuksen eli luonnon ykseyteen. Sanalla Jumalan ´persoona´ tarkoitetaan näet sellaista olemusta ja luontoa, joka kuuluu Kolminaisuuden yhdelle persoonalle, ei kahdelle tai kolmelle, ja joka erottaa kyseisen jumaluuden persoonan kahdesta muusta silti muodostamatta eri Jumalan olemusta Jumalan ominaisuuksiin nähden, kuten iankaikkisuuteen, kaikkitietävyyteen, kaikkivoipaisuuteen, rakkauteen jne. Vrt. CA I artikla. – Augustinus on käsitellyt sabelliolaisuutta myös luvussa De Civitate Dei, X,24.

koskien, tätä hän on, mitä hän omistaa. Niin kuin sanotaan, että ihmisellä on itseänsä koskien elävänä ollessaan tietenkin elämä, omistamalla se, ja hänen elämänsä on saamalla hän itse. Tämän tähden varsinkin luontoa sanotaan yksinkertaiseksi, koska sille ei ole mahdollista omata jotakin, jonka se yhtäältä voisi heittää pois olemuksestaan, tai toisaalta olla toisenlainen omistaen jotakin muuta, mitä se ei omaa,[53] siihen tapaan kuin astia omaa jotakin nestettä, tai ruumis värinsä, ilma valonsa tai kuumuutensa, tai sielu viisautensa. Näistä näet mikään ei ole sellainen, jonka subjekti omistaa. Eihän näet astia ole vesi, ei ruumis väri, ei ilma enempää valo kuin kuumuuskaan, eikä myöskään sielu ole viisaus. Tämän johdosta tällainen luonto on sellaista, miltä myös voidaan riistää niitä asioita, joita ne omistavat, ja kääntää ne tai muuttaa toisiin tiloihin tai laatuihin. Siten astiakin tyhjentyy nesteestään, joka sen täyttää, ja ruumis vaalenee, ja ilma hämärtyy tai kylmenee, ja sielu tyhmistyy.

Mutta vaikka ruumis olisi turmeltumaton, jollainen luvataan pyhille ylösnousemuksessa, ruumis tosin omaa juuri turmeltumattoman häviämättömän laadun, mutta se ei ole pysyessään ruumiillisessa luonnossaan tätä, minkä kautta on olemassa itse turmeltumattomuus.[54] Näet turmeltumattomuus on kokonaisuudessaan läpi ruumiin yksittäisten osien, eikä jossakin niistä isompana, jossakin pienempänä. Sillä eihän jokin ruumiin osa ole turmeltumattomampi kuin jokin toinen; ruumis puolestaan kokonaisuudessaan on isompi kuin osassaan. Ja kun siinä jokin osa on toista osaa suurempi, toista osaa pienempi, niin ei isompi ruumiinosa ole pienempää turmeltumattomampi.

Yksi asia on siis ruumis, joka ei kaikkialla ole kokonaisena, toinen asia on turmeltumattomuus, joka kaikkialla on kokonaisuudessaan,[55] koska jokainen turmeltumattoman ruumiin osa muihinkin ruumiin osiin nähden on yhtä turmeltumaton. Eikä näet, esimerkin vuoksi, koska sormi on koko kättä pienempi, sen tähden käsi ole vähemmän turmeltumaton kuin sormi. Niinpä, vaikka käsi ja sormi eivät ole samanlaisia, kuitenkin käden ja sormen turmeltumattomuus on samanlainen. Ja tämän tähden vaikkakin turmeltumattomuus olisi erottamaton turmeltumattomasta ruumiista, kuitenkin yksi asia on substanssi (olemus/luonto), jota nimitetään ruumiiksi, toinen asia taas on substanssin laatu, johonka nähden ruumis ilmoitetaan turmeltumattomaksi.[56] Ja niin ollen myöskään tämä laatu ei ole se asia, jonka ruumis itsessään omistaa.

Itse sielukin, vaikka se aina olisi viisas, niin kuin se on oleva silloin kun se tullaan vapauttamaan iankaikkisesti, se kuitenkin on oleva viisas osallisuudesta muuttumattomaan Viisauteen, mikä osallisuus ei ole sama kuin itse Viisaus. Eihän näet, jollei valon läpitunkemasta ilmasta milloinkaan luovuta, siitä syystä ole olematta itse ilma yksi asia ja toinen asia se valo, jolla se valaistaan. Enkä sanone tätä ikään kuin ilma olisi sielu, kuten ovat arvelleet eräät sellaiset, jotka eivät ole kyenneet ajattelemaan aineetonta luontoa. Mutta nämä kaksi asiaa (ilma ja sielu) omaavat

---

[53] 2 Tim. 2:13.

[54] Lat. Sed etsi sit corpus incorruptible, quale sanctis in resurrectione promittur, habet quidam ipsius incorruptionis inamissibilem qualitatem, sed manente substantia corporali non hoc est, quo ipsa incorruptio. Lause voidaan sinänsä ymmärtää kahdella tavalla. Ensiksi: niin kauan kuin ihminen ajassa eläessään pysyy aineellisessa ruumiissaan, hän ei ole turmeltumaton. (Paavali: *Ei liha eikä veri voi periä taivasten valtakuntaa.* 1 Kor. 15:50.) Toiseksi: vaikka pyhälle ihmiselle luvataan ylösnousemuksessa saatava *hengellinen ruumis* (1 Kor. 15:44), tämä *hengellinen ruumis* edelleen on oma olemuksensa, substanssinsa, jonka kuolemattomuuden laatu johtuu osallisuudesta toiseen substanssiin, Jumalan luomattomaan, kuolemattomaan Henkeen, kuten Augustinus jatkossa opettaa.

[55] Vrt. Kol. 2:9.

[56] Vrt. 1 Kor. 15:45,53.

myös suuressa eroavuudessaan siihen nähden tietyn samankaltaisuuden, ettei sopimattomasti sanota tuolla tavalla Jumalan Viisauden yksinkertaisen valon valaisevan aineettoman sielun, kuten aineellinen valo valaisee ilman aineen. Ja niin kuin ilma alkaa pimentyä tuon valon poistumisessa – sillä minkä tahansa aineellisten alueiden pimeys ei ole muuta kuin valoa vailla olevaa ilmaa –, siten sielun pimentää viisauden valosta poistuminen.

Yhdenmukaisesti tämän kanssa siis sanotaan **yksinkertaisiksi niitä asioita, jotka ovat *alkuperäisesti* ja *todellisesti* jumalallisia, koska niissä eivät eri asioita ole laatu ja substanssi,** eivätkä ne osallisuudesta muihin asioihin ole jumalallisia tai viisaita tai kauniita.

Muutoin Pyhissä Kirjoituksissa sanotaan Pyhän Hengen olevan monipuolinen siinä, että se itsessään omaa paljon avuja. Mutta ne, mitä se omaa, ne Hän on itse, ja ne kaikki ovat ykseys. Ei näet ole olemassa monia, vaan yksi ainoa viisaus, jossa tosin on tiettyjä määrättömiä ja viisaudelle itselleen määritettyjä ymmärrettävissä olevien asioiden aarteita. Niissä aarteissa ovat kaikki näkymättömät ja muuttumattomat suunnitelmalliset harkinnat, jotka ovat toteutetut juuri Viisauden kautta.

Sillä Jumala ei ole tehnyt mitään tietämättään, millaista tietämättään tekemistä ei voida väittää myöskään kenestäkään aidosti ammattitaitoisesta ihmisestä[57]. Edelleen, jos Jumala tietoisesti on tehnyt kaiken, välttämättä hän silloin toteutti sen, minkä oli tiennyt. Tästä seikasta johtuu ihmeellinen ratkaisu, joka kuitenkin on tosi, että tuo luotu maailma ei voisi olla meille tunnettu, jollei sitä olisi olemassa; maailma puolestaan ei voisi olla olemassa, jollei se olisi Jumalalle tunnettu.

---

[57] Paavalin lausetta, että luomisen perusteella tunnetaan Luoja (Room. 1:20), Augustinus korostaa mm akateemikkoja, peripateetikkoja, vastaan sanoen: miksi nämä eivät kysy, mistä on peräisin se tieto ja informaatio, joka sisältyy luomakuntaan, niin että etsisivät Luojaa, Lunastajaa ja Pyhittäjää. – Kristinopin yleinen ilmoitus (KO 4) sanoo, että yleensä **luomakunnasta, historiasta ja omastatunnosta** saadaan **yleinen** todistus Jumalasta.
Tämän mukaisesti Helsingin Aalto-yliopiston luonnontieteen professori **Matti Leisola** todistaa hienossa teoksessaan (Matti Leisola, **Evoluutiouskon ihmemaassa**, v. 2014), millä ehdoilla kokeellinen luonnontiede voi olla rehellistä, ja että aina teoissa on informaatio tekijästään. Näin hän tekee koko teoksessaan, ja myös sen loppuosassa, luvuissa s. 235–252, nimiltään: "Voiko design olla tiedettä? Alkemia, astrologia ja litteä maa. Litteän maan myytti. Loppusanat. Menninkäisiä etsimässä. Pyhää lehmää potkittiin. Harhaanjohtavaa uutisointia." – Professori Leisola johdannossaan kirjailija Kimmo **Pälikön** teokseen "**Taustaa 3, Alusta viimeiseen aikaan**" johdantonsa kohdassa "Ihmiskunnan todellinen historia", s. 8, toteaa, että **jokainen ihminen lähtee luonnostaan siitä, että luomakunnan takana on informaatio.**" **Tämän** siis puolestaan Paavali sanoo Room. 1:20.
Tässä teoksessa Augustinus palaa luomistekojen informaatioon, Luojan ja luomakunnan yhteyteen sekä Jumalan persoonaan, kuinka se ei ole sekava eikä hajallaan oleva, esim. tuonnempana XI,28.
Confessiones-teoksessa Augustinus ottaa kantaa Aristoteleen esim. Conf. IV,16; Epikurokseen esim. Conf. VI,16. (Kts. **Olli, Kirkkoisä Augustinuksen syntikäsitys**, s. 44 s.)
– Kun **Jumala on Luoja, Lunastaja ja Pyhittäjä**, häntä vastaan voidaan periaatteessa taistella kolmella tavalla: 1) **kieltämällä Jumalan luomisteot**, informaatiot niistä (vaikka etsimällä loputtomasti ja ilman riidatonta lähtökohtaa muita todisteita luomakunnalle); ja **kieltämällä sekä historian että omantunnon todistukset** (vaikka maallisessakin tuomioistuimessa ratkaistaan rikollinen tekojensa sisältämän tiedon perusteella); 2) **kieltämällä Kristuksen jumaluus**, jolloin hänen lunastuksellaan ja sanoillaan on vain ihmisarvo; 3) **kieltämällä, että usko Kristukseen johtaa ns. uuteen kuuliaisuuteen** (CA 6) ja persoonaan positiiviseen kehitykseen eli pyhitykseen (esim. kieltämällä Raamatun mukainen rakkaus ja pyhitys ja korvaamalla ne inhimillisten lähteiden ja eri intressipiirien esittämillä vaihtelevilla ihmisarvoilla ja ihanteilla. Augustinus toteaa terävästi, että ihanne saa olla oikeakin, kuten platonikoillakin joitakin sellaisia oli, mutta ihanteisiin pyrkiminen jää pelkäksi pyrkimykseksi ilman uskoa Kristukseen. Vrt. Joh. 1:12.)

Olivatko ehkä nekin henget, jotka luomisensa jälkeen eivät pysyneet totuudessa, osallisina aluksi siitä autuudesta ja ikuisuudesta, joista pyhät enkelit ovat nauttineet luomisestaan alkaen?

Luku XI,11

Nämä asiat [tietämisen järjestyksestä, olemuksesta ja laadusta] kun näin ovat, nuo pimeyden henget, joita sanomme enkeleiksi, eivät todellakaan olleet olemassa ensin jonkin aikajakson, vaan niin, että heidät, niin pian kuin maailma luotiin, luotiin valona. Ei heitä kuitenkaan niin luotu, että he olisivat olemassa millä tavalla vain, ja olisivat eläneet millä tavalla vain, vaan niin, että heidät oli myös valistettu, jotta eläisivät viisaasti ja autuaasti.

Tästä elämästä poiskääntyneinä tietyt enkelit eivät säilyttäneet elämänsä viisauden ja autuuden erinomaisuutta. Tällainen autuas elämä ei ole muuta kuin – kaukana epäilyksestäkin – iankaikkista, iankaikkisuudestaan varmaa ja turvallista. Mutta sellainen järjellinen elämä, joka omaksuu tyhmyyden, sallitaan siten, ettei se voi luovuttaa elämäänsä, jos vaikka tahtoisikin. Mutta sitä, kuinka kauan langenneet enkelit olivat olleet osallisia tuosta Viisaudesta ennen lankeemustaan, kukapa voisi sen määrittää?[58]

Mutta miten sitten tulemme ilmaisemaan sen, että he tuossa osallisuudessaan olivat kuitenkin olleet tasavertaisia niille enkeleille, jotka ovat todella ja täydellisesti autuaita siitä syystä, etteivät he lainkaan erehdy pois autuutensa iankaikkisuudesta? Koskapa nyt, jos he kerran ovat olleet yhtäläisiä tuossa Viisaudessa, he myös olisivat pysyneet Hänen iankaikkisuudessaan yhtäläisesti autuaina, koska olivat olleet yhtä turvattuja.

Ja eihän langenneiden elämää – olipa se kestänyt kuinka kauan tahansa – voida sanoa iankaikkiseksi elämäksi todenmukaisesti, jos sillä on oleva loppu. Koskapa elämää sanotaan elämäksi yksinomaan elämisensä tähden, mutta iankaikkiseksi elämäksi siksi, ettei sillä ole loppua.

Sen tähden ei ilman muuta mikä tahansa iankaikkisuus ole autuasta, vaikka se olisi miten tahansa jatkuvaa: myös rangaistuksen tulta sanotaan iankaikkiseksi. Kuitenkin, jos todellisesti ja täydellisesti autuas elämä ei ole muuta kuin iankaikkista, ei sellainen elämä ole langenneiden elämä, koskapa se on rappeutuva ja siksi ei ole iankaikkinen, tiesivätpä he itse tämän tai eivät. Sillä jos he rappeutumisensa tietävät, pelko estää heidän autuutensa; jos he taasen eivät sitä tiedä, joka tapauksensa heidän erehdyksensä ei sallinut heistä autuaita.

Mutta jos he olivat tietämättömiä tästä sillä tavalla, että erehdyksiensä tähden olivat epävarmoja tilastaan tai myös eivät uskoneet, vaan epäröivät sitä, olisiko kerran heidän elämänsä iankaikkinen vaiko myös kerran hyvän päätöksensä omaava, niin he eivät päätyneet kumpaakaan kantaan lujassa suostumuksessa. Siten juuri hidastelunsa tähden niin suuresta [tarjolla olleesta] autuudesta he eivät omistaneet sitä onnellisen autuuden täydellisyyttä, jonka uskomme olevan pyhissä enkeleissä.

Emmekä me supista autuaan elämän käsittämistä johonkin merkityksensä ahtauteen niin, että sanoisimme vain Jumalan autuaaksi. Hän todella on autuas niin, ettei autuus häntä suurempi voi olla. Kun Hänen autuuteensa verrattuna enkelit ovat onnellisia tietyssä sellaisessa ylimmäs-

---

[58] Vrt. Ilm. 12:7 etc.

sä autuudessa, joka voi olla vain enkeleillä, niin mitä ja kuinka suuri Jumalan autuus sitten onkaan?

Vertailua autuuden tiloista ihmisissä paratiisissa ennen syntiin lankeamista ja pyhissä nykyään ennen uskon voittopalkintonsa saavuttamista.

Luku XI,12

Emme arvele, että, mitä tulee järjellisiin ja älyllisiin luotuihin, vain nuo hyvät enkelit on lausuttava autuaiksi. Kukapa rohkenisi kieltää, että ensimmäiset ihmiset paratiisissa eivät olisi olleet autuaita ennen syntiänsä, vaikkakin olisi epävarmaa se, kuinka kauan aikaa heidän autuutensa kestäisi vai olisiko se iankaikkista. Mutta olisihan se ollut iankaikkista, jolleivät he olisi tehneet syntiä. Sanommehan nykyään autuaiksi ilman julkeutta niitäkin, jotka oikeudenmukaisesti ja hurskaasti ohjailevat elämäänsä tulevaisen kuolemattomuutensa toivossa, ilman että heidän rikoksensa on tuhomassa heidän omaatuntoansa, kun he suopeasti saavuttavat Jumalamme sääliväisen sydämen vapautuakseen tämän hauraan elämän synneistä; heitä me näemme.

Heille on luvallista olla varmoja uskonsa loppuun asti kestämisensä palkasta,[59] mutta itse uskonsa loppuun asti kestämisestä heidät tosin havaitaan epävarmoiksi.[60] Kukapa ihminen näet on sellainen, että tietäisi itsensä, että hänen oikeamielisyytensä kestää sen toimeenpanemisessa ja edistymisessä aina loppuun asti, jollei hän tulisi siitä vakuuttuneeksi Hänen jonkin ilmoituksensa kautta, Hänen, joka tästä asiasta muutamia opettaa oikeudenmukaisessa ja salaisessakin tuomiossaan, mutta ei huijaa ketään?[61]

Mitä niin ollen tulee nauttimiseen käsillä olevasta hyvästä, onnellisempi oli ensimmäinen ihminen paratiisissa, kuin kuka tahansa hurskas nykyisessä kuolemanalaisessa epävarmuudessa. Mutta, mitä tulee toivoon tulevasta hyvästä, autuaampi on kuka tahansa ja millaisissa tahansa ruumiillisissa tuskissaan oleva, jolle ei mielipidekysymyksenä, vaan totuuden perusteella, on ilmiselvää, että hän ilman loppua on saava kaikesta vaivasta vapautetun yhteisyyden enkeleiden kanssa korkeimman Jumalan osallisuudessa, kuin tuo ensimmäinen ihminen, jolla oli edessään epätietoinen kukistuminen tuossa paratiisin suuressa onnessaan.

---

[59] Vrt. Matt. 19:27-29; 10:38–42; **Augsburgin tunnustuksen Puolustus**, 4:365-366. etc.

[60] Augustinus korostaa (Confessiones etc.), että liki jokainen Raamatun sivu huutaa, että uskova voi langeta syntiin ja menettää autuutensa, minkä vuoksi Jumalan pelon tulee pysyä. Toiseksi hän eri yhteyksissä korostaa Jumalan lahjan ja armon merkitystä ja perustavuutta kaiken hyvän saavuttamiselle ja loppuun asti säilymiselle ja kestämiselle. Niinpä hän elämänsä lopulla vv. 428–429 kirjoitti erityisesti pelagiolaisia vastaan teokset **De Predestinatione sanctorum, Pyhien ennalta määräämisestä, ja De Dono Perseverantiae, Loppuun asti kestämisen lahjasta. – Augustinuksen tuotannon** olen yksityiskohtaisesti esittänyt teoksessa, **Olli, Kirkkoisä Augustinuksen Syntikäsitys Confessiones- teoksessa**, ss. 187-219.

[61] Vrt. Room. 8:38-39.

Olivatko kaikki enkelit luodut ominaisiksi samaan autuuteen niin, etteivät ne, jotka lankesivat, voineet tietää, että tulevat lankeamaan; ja näiden rikkoneiden kukistumisen jälkeen, ne, jotka olivat pysyneet totuudessa, saavuttivat ennaltatietämisen siitä, että tulevat kestämään totuudessa iäisesti.

Luku XI,13

Sen tähden sellaiselle, jolle ei vaivatta tarjoudu olla selvillä, kummanko vaihtoehdon hyväksi tapahtunut liittoutuminen tuottaa sen autuuden, jota älyllinen luonto tavoittelee oikealla päätöksellään, se on: jotta se voisi täysin nauttia muuttumattomasta hyvyydestä, joka Jumala on, ja hänessä pysyä iankaikkisesti, hidastelematta sen saavuttamista minkään epäröintinsä tähden ja pettymättä minkään erehdyksensä tähden, tämän tavoitteen valkeuden enkeleiden uskomme pyhän uskonsa kautta saaneen haltuunsa.

Tätä tilaa erehtyneet syntiset enkelit eivät pitäneet hallussaan ennen lankeemustaankaan. Sillä heidän kieroutensa poisti heidät tästä autuutensa valosta, minkä johtopäätöksemme teemme johdonmukaisella harkinnalla. Mutta on todella uskottava, että heidän hallussaan oli jokin autuus, vaikkakaan ei edeltä käsin loppuun asti kestäväksi tiedetty autuus, jos he elämän omistivat ennen syntiänsä.

Mutta jos kovalta näyttää – koskapa he olivat luodut enkeleiksi – uskoa toiset luoduiksi sellaisiksi, etteivät he saavuttaneet edeltätietämistä autuudestaan tai loppuun asti kestämisestään tai lankeamisestaan, mutta toiset taas luoduiksi sellaisiksi, että he varmimmalla totuudella tiesivät autuutensa iankaikkisuuden, mutta molemmat olivat aluksi luodut yhtäläisen autuuden omistaviksi, ja sellaisina olleet olemassa, kunnes nuo, jotka nyt ovat pahoja, olivat langenneet tuosta hyvyyden valosta omasta tahdostaan; runsaasti kauempana epäilemistä on, että vielä paljoa kovempaa nyt on arvella autuaat enkelit autuutensa iankaikkisuudesta epävarmoiksi ja sellaisiksi, etteivät he ole juuri omasta itsestään [tilastaan] tietoisia, koskapa me olemme voineet tietää heidät pyhiksi Pyhien Kirjoitusten perusteella.

Kukapa näet katolinen kristitty ei tiedä, ettei ketään uutta Saatanan enkeliä enää ole tuleva hyvistä enkeleistä, eikä myös sellaista ole enää palaava hyvien enkeleiden yhteisöön. Niinpä Totuuskin lupaa Evankeliumissa pyhille uskoville, että he tulevat olemaan pyhien enkeleiden kaltaisia.[62] Näille uskoville myös luvataan, että he tulevat käymään iankaikkiseen elämään.[63] Niinpä edelleen, jos olemme varmoja siitä, että emme milloinkaan ole lankeava tuosta kuolemattomuutemme autuudesta, nuo puolestaan, jolleivät tähän asti meitä vahvempina ole siitä varmoja, niin emme tule olemaan heidän kaltaisiaan. Mutta koska Totuus ei mitenkään johda erehtymään, ja koska tulemme olemaan enkeleiden kaltaisia, niin todella myös pyhät enkelit ovat varmoja autuutensa iankaikkisuudesta.

Koska tästä autuutensa varmuudesta nuo toiset, langenneet, eivät olleet olleet varmoja – ei näet kuulunut olla heidän kaltaisilleen iankaikkista autuutta, joka on niiden, jotka ovat varmoja siitä, millaisen lopun tulevat omistamaan –, jää johtopäätökseksi, että langenneet enkelit olivat pyhiin enkeleihin nähden erilaisia, tai jos he olivat yhtäläisiä, pyhille enkeleille ilmeni langenneiden kukistumisen jälkeen varma tieto omasta ikuisesta autuudestaan.

---

[62] Matt. 22:30
[63] Matt. 25:46.

Jollei ehkä joku sanone, että se, minkä Herra sanoo Saatanasta: *Hän oli ihmismurhaaja alusta alkaen, ja totuudessa hän ei ole seisonut,*[64] on niin omaksuttava, ettei tämä ollut vain ihmismurhaaja – se on: ihmislajin murhaaja *alusta asti,* siitä alusta asti, jolloin joka tapauksessa luotiin ihminen, jonka hän pystyi tappamaan pettämällä –, vaan myös oman luomisensa *alusta asti ei olisi seisonut totuudessa*; ja niin ollen hän ei olisi milloinkaan ollut yhdessä pyhien enkeleiden kanssa, kieltäytyen olemasta alamainen Luojalleen ja iloisena ylpeydessään siitä, mitä hän piti ikään kuin yksityisomaisuutenaan, ja sen tähden ollen pettynyt ja pettävä.

Sillä ei kukaan voi välttää Kaikkivaltiaan mahtia. Ja sellainen joka hurskaan alistumisensa kautta ei tahtonut pitää kiinni siitä, mikä todellisesti on olemassa, jos tavoittelisi ylimielisessä ylvästelyssään teeskennellen sellaista, jollainen hän ei ole, niin näin tulee ymmärretyksi sekin, minkä apostoli Johannes sanoo: *Alusta asti Saatana tekee syntiä,*[65] se on: siitä asti, kun hänet luotiin, hän kielsi vanhurskauden, jota ei pystynyt pitämään muu kuin velvollisuutensa tunteva ja Jumalalle alistunut tahto.

Tähän ajatukseen kuka tyytyy, hän ei viisastele noiden hereetikkojen kanssa – se on: manikealaisten[66] kanssa, ja jos jotkut toisetkin turmatautiset samoin ajattelevat –, että Saatana omistaisi ikään kuin yksityisenä omaisuutenaan vastoin tiettyä perusperiaatetta pahan luonnon. Sellaiset, jotka hulluttelevat noin suurta mielettömyyttään, niin että vaikka heillä yhdessä meidän kanssamme ovat Evankeliumin arvovallalla ilmaistut sanat, he eivät kiinnitä huomiotaan siihen, ettei Herramme sanonut: "Saatana oli **toisenlaisena** (ilman yhteyttä) totuuteen nähden",[67] vaan: *"Saatana ei **seisonut** (pysynyt) totuudessa"*, missä ilmaisussaan Herra tahtoi ymmärrettäväksi Saatanan lankeamisen pois totuudesta. Siinä totuudessa joka tapauksessa, jos hän olisi seisonut, hän olisi autuuteen osallisuuteen tulleena pysynyt pyhien enkeleiden kanssa.

---

[64] Lat. *ille homicida erat ab initaatio et in veritate non stetit.* Joh. 8:44. Näin myös Vulgatan mukaan. Vastaavasti kreikaksi: ἐκεῖνος ἀνθρωποκτόνος ην ἀπ᾽ ἀρχῆς καὶ ἐν τῇ ἀληθείᾳ οὐκ ἔστηκεν.

[65] 1 Joh. 3:8.

[66] **Manikealaisista** Augustinus on kirjoittanut 15 kirjaa. **Olli, Kirkkoisä Augustinuksen syntikäsitys Confessiones-teoksessa**, ss. 187–188 ja ss. 40–43; s. 223 on yhteenveto manikealaisuudesta lutherilaisen kirkon Tunnustuskirjoissa.

[67] Lat: **non dixisse Dominum: a veritate alienus fuit; sed: *in veritate non stetit.*** Ab-prepositio ilmaisee tässä yhteydessä sekä eroa totuudesta että suhdetta totuuteen nähden (Streng, ab, III,5,6). **Alienus**-sanan perusmerkitys on 'toisen oma, vieras, sopimaton'.

Millaisen ilmaisun lajilla Kristus sanoo Saatanasta: "Saatana ei seisonut totuudessa, koska totuus ei ole hänessä."[68]

XI,14

Mutta Herra esittää todistuksensa Saatanasta, ikään kuin olisimme kysyneet. "Mistä se osoitetaan, ettei hän ollut seisonut totuudessa?" Ja niinpä Herra jatkaa myöntäen: *"... sillä ei ole totuus hänessä."* Mutta olisihan hänessä ollut totuus, jos hän olisi siinä seisonut. Tämä lause näyttää sanotun vähemmän käytetyllä ilmaisutavalla.

Ajatus näyttää näet soinnahtavan näin: *"Totuudessa hän ei seisonut,* koska totuus ei ole hänessä"; ikään kuin se olisi syynä siihen, ettei hän ollut seisonut totuudessa, ettei totuutta hänessä olisi; vaikka mieluummin syy siihen, ettei hänessä totuutta ole, oli se, ettei hän ole seisonut totuudessa.

Tällainen ilmaisutapa on myöskin Psalmissa: *"Minä huusin, sinua, Herra, koskapa kuulit minua."*[69] Sillä näyttäisi, että piti sanoa: "Sinä olet kuullut minua, koska huusin sinua." Mutta kun Daavid oli sanonut: *"Minä huusin",* häneltä ikään kuin kysyttäisiin, mistä syystä hän osoittaisi huutaneensa, niin hän Jumalan huutonsa kuulemisen vaikutuksesta osoittaa sen tehneensä. Hän ikään kuin sanoisi: "Siitä syystä osoitan huutaneeni, koska kerran kuulit minua."

---

[68] Joh. 8:44 Lat. *ille homicida erat ab initaatio et in veritate non stetit.* Kts. edellinen luku, tuon luvun 3. indeksi. – Jumala ja Raamattu käyttävät Raamatun ilmaisuissa kahta perustapaa: joko suorasanaista ilmaisua tai kuvaannollista ilmaisua. Ensimmäiseksi on siis selvitettävä, kummasta puheen tavasta on kysymys, kuten **Augustinus** opettaa teoksessaan **Kristillinen Opetus, De Doctrina Christiana.** Tässä on kysymyksessä Jumalan suorasanainen puhe, jonka tarkempaa ymmärtämistä Augustinus selittää.

[69] Lat. Tämä on sanottu Vulgatan Ps. 16:6 (Kirkkoraamatussamme Ps. 17:6) mukaisesti käännettynä LXX:stä: *ego clamavi quoniam exaudisti me Deus. Olen huutanut / huusin sinua, koska olet kuullut / kuulit minua Jumalani.* < LXX: ἐγὼ ἐκέκραξα, ὅτι ἐπήκουσας μου, ὁ θεός. Kreikan huutaa-verbi ja kuulla-verbi molemmat ovat 1. aoristin sivutempuksen indikatiivin aktiivimuotoja, jota muotoa latinassa vastaa historiallinen perfekti: *Minä huusin sinua, koska vastasit minulle, oi Jumala.* Aoristimuodot indikatiivissa kertovat asiat tosiasioina, että näin tapahtui ja tapahtuu; paino on siis tällä näkökohdalla, aspektilla, ei aikamuodolla. Ja tässä ratkaiseva syy Daavidin huutoon on se, että Jumala kuulee häntä, kun hän hätäänsä huutaa Jumalalle. Ja tämän uskon vaikutuksesta oikein rukoillaan (vrt. Room. 10:14). Daavid siis uskossa sanaan tarttuu Jumalan lupaukseen, että hän kuulee oikeat pyynnöt nimessään: *Anokaa, niin teille annetaan* (Matt. 7:7). – Vulgatan käännös Bblia Hebraicasta kuuluu: *ego invocavi te quia exaudes me Deus, Huusin sinua avukseni, koska tulet kuulemaan minua Jumalani.*

Minkä alusta asti ja miten Saatana teki syntiä tuon lauseen mukaan: "Alusta asti Saatana tekee syntiä."

XI,15

Edelleen, tuossa, minkä Johannes mainitsee Saatanasta: *"Alusta asti Saatana tekee syntiä",* apostolin sanat eivät merkitse, että Saatanan luonto olisi sellainen, ettei hän millään lailla olisi tehnyt syntiä.[70] Vaan siten, mikä pitää yhtä profeetallisien todistuksien mukaan, joko sen, minkä Jesaja sanoo Babylonian kuninkaan persoonan kuvauksen muodossa moittien Saata-naa: *"Kuinka onkaan pudonnut alas Lucifer, joka varhain nousi taivaalle."*[71] Tai sen, minkä Hesekiel mainitsee: *"Jumalan paratiisin kalleuksissa sinä olit, kaunistettuna kaikella kallisar-voisella jalokivellä olet."*[72] Tästä Raamatun kohdasta ymmärretään Saatanan joskus olleen il-man syntiä. Sillä vähän myöhemmin sanotaan: *"Sinä vaelsit päivinäsi ilman vikaa."*[73] Jollei näitä sanoja toisella tavalla voida ymmärtää soveliaammin, pitää meidän omaksua sekin, mikä sanottiin *"totuudessa hän ei seisonut"* niin, että Saatana oli ollut totuudessa, mutta ei ollut siinä pysynyt.

Ja tuo, että *"alusta asti Saatana tekee syntiä"*, tulee omaksua niin, ettei siitä asti, jolloin hänet luotiin ole arveltava hänen tehneen syntiä, vaan syntinsä alusta asti, koska juuri hänen ylpeydes-tään alkaen synti alkoi olla olemassa.

Eikä tuota, mikä on kirjoitettu Jobin kirjaan: *"Hän on Herran muodostamiselle alku, jonka hän teki ivailtavaksi pois enkeltensä joukosta / ivailtavaksi enkeleiltään",*[74] mille Raamatun koh-

---

[70] 1 Joh. 3:8. – Manikealaisten käsityksen mukaan oli olemassa sekä hyvä että paha Jumala, jotka kamppailivat keskenään Jumalan olematta suvereeni. Jos Jumala olisi luonut Saatanan jo alusta pahaksi, Saatanalta puuttuisi lankeaminen, eikä hän olisi millään lailla tehnyt syntiä. Sen Augustinus tässä samalla torjuu. Kts. **Conf.** IV,15; V,10; **Olli, Kirkkoisä Augustinuksen Syntikäsitys Confessiones-teoksessa**, s. 40.

[71] Jes. 14:12. Lat. *quomodo cecidit, qui mane oriebatur.* Augustinus lainaa vapaasti ajatusta, joka kuuluu Vulga-tassa: *quomodo cecidisti de caelo lucifer qui mane oriebaris,* kuinka oletkaan pudonnut taivaalta sinä Lucifer, joka varhain nousit taivaalle. Vrt. **Augustinus, Kristillinen Opetus**, 3.37.55, indeksit 4 ja 5. Siinä Augustinus käsittelee opetusta Saatanan persoonasta viitaten tähän Jes. 14:12.

[72] Hes. 28:13 s. Lat. *in delictiis paradisi dei fuisti, omni lapide pretioso ornatus es.* Vulgata, Hes. 28:13: *in deliciis paradisi Dei fuisti omnis lapis pretiosus operimentum tuum sardius topazius et iaspis chrysolitus et onyx et berillus sapphyrus et carbunculus et zmaragdus aurum opus decoris tui et foramina tua in die qua conditus es praeparata sunt...* – Jumalan Paratiisin kalleuksissa olit, peitteenäsi kallisarvoiset jalokivet, sardion (karneoli), topaasi... *luomisesi ja valmistamisesi päivänä.* Jalokiviä luetellaan tässä yhdeksän, joilla Raamattu kuvaa Jumalan ihanuutta, ja jotka kivet kuuluivat myös ylimmäisen papin rintakilpeen (jossa oli sisällä kaksi esinettä, *uurim ja tummim, valo ja totuus*). Mainitsematta on kivien 3. rivi (vrt. Ex. 28:19). Kts. Saarisalo, Raamatun sanakirja, *jalokivet, uurim.*

[73] Hes. 28:15, Lat. *Ambulasti in diebus tuis sine vitio.* Vulgata 28:14-15: *14. tu cherub extentus et protegens et posui te in monte sancto Dei in medio lapidum ignitorum ambulasti 15. **perfectus in viis tuis a die conditionis tuae donec inventa est iniquitas in te.*** Tästä perinteisen KR:n käännös: *14. Sinä olit kerubi, laajalti suojaavainen, ja minä asetin sinut pyhälle vuorelle; sinä olit jumal'olento ja käyskentelit säihkyväin kivien keskellä. 15. **Nuhtee-ton sinä olit vaellukseltasi siitä päivästä, jona sinut luotiin, siihen saakka, kunnes sinussa löydettiin vääryys.***

[74] Job 40:14. Lat. *Hoc est initium figmenti domini, quod fecit ad inludentum ab anglelis suis.* Vulgata: *ipse principium est viarum Dei qui fecit eum adplicabit gladium eius. Hän on Jumalan teiden alku, hänet Jumala teki; Jumala tulee yhdistämään puoleensa/vastaansa hänen miekkansa.* < LXX 40.19: τοῦτ᾽ ἔστιν ἀρχὴ πλάσματος κυρίου, πεποιημένον ἐγκαταπαίζεσθαι ὑπὸ τῶν ἀγγέλων . *Tämä on Herran muodostelman alku, tehty kovin pilkkaamaan pois enkeleistä / pilkattavaksi enkeleiltään.* Kreikan mediopasiivinen pilkata/ivata -verbi on

dalle näyttää kuulostavan samanlaiselta Psalmi: *"Siellä merellä on Lohikäärme, jonka muodostit pilkattavaksi merelle",*[75] niin pidä ymmärtää, että arvelisimme Saatanan luoduksi alustaan asti sellaiseksi, että hän ivailee [itsensä] pois enkeleiden joukosta, vaan hän on tässä [esitettynä] rangaistuksessaan, johon hän on säädettynä syntinsä jälkeen.[76]

Siispä Saatanan alku on Herran muodostamana. Ei näet ole olemassa mitään luontoa – äärimmäisissä ja heikoimmissa pieneliöissäkään –, jota luontoa Jumala ei ole perustanut. Hänestä on peräisin jokainen laji, jokainen ulkonainen olento, jokainen sääntö,[77] joita ilman ei voida löytää tai ajatella mitään asioita. Paljoa enemmän sitten Jumalasta on peräisin enkelin luonto, joka arvoonsa nähden on erinomaisempi kaikkia muita, mitä Jumala loi.

---

vahvistettu ek-etuliitteellä. Luther Bibelit (1545 ja 1974): 19. *Er ist das erste der Werke Gottes; der ihn gemacht hat, gab ihm sein Schwert. Hän on ensimmäisenä Jumalan työ; hän antoi hänelle miekan.* < Biblia Hebraica: הוּא רֵאשִׁית דַּרְכֵי־אֵל הָעֹשׂוֹ יַגֵּשׁ חַרְבּוֹ׃ *Hän on Jumalan polun/töiden* (דַּרְכֵי johtuu käsitellä-verbistä substantiivina: kulkeminen, tie, työ, tapa, muodostelma; sekä substantiivi että *ensimmäinen*-adjektiivi ovat monikossa) *ensimmäisiä, hänen tekonsa, jonka lähelle hän toi / jolle tarjosi miekkansa/kuivuutensa.* (Saatanahan karkotettiin pois Paratiisista, ja jos tällä lauseella tarkoitetaan tätä rangaistusta, Saatana joutui sekä kuivuuteen että miekan eristämäksi. Gen. 3:14,24. חַרְבּוֹ -sanan takana on *eristää, kuivattaa* > substantiivina: miekkansa, kuivuutensa). –Ensi vaiheessa tietenkin Saatana itse pilkkasi, toisessa vaiheessa tuli pilkatuksi.
– Joka tapauksessa Augustinuksen tämän selityksen mukaan kyseiset Raamatun kohdat kuvaavat Saatanan lankeamista seuraamuksineen, joista Raamattu kertoo. Mitä tulee Vulgatan ja Luther Bibelin em. lukutapaan *(hän antoi hänelle miekan),* käännös hepreasta on filologisesti moitteeton, mutta ei sinänsä vielä kerro annettiinko miekka häntä vastaan, vai hänen hyväkseen, siinä mielessä, että Jumala kaitselmuksessaan antaa Saatanan ja petojen miekallaan ja kynsillään pahoja rangaista ja harjoittaa hyviä. Kts. tuonnempana XI,17, sen luvun kolmas alaindeksi (=84). Mutta se, että Saatanalle annettiin miekka, sisältää tietenkin itsessään ajatuksen, että hän voi myös käyttää sitä, sekä voitokseen että tappiokseen.

[75] Ps. 104:26. Lat: *drago hic, quem finxisti ad inludendum ei.* Vulgata: Ps. 103:26: *illic (sc. in mare magno) naves pertransibunt draco iste quem formasti ad inludendum ei. Siellä (suuressa meressä) kulkevat laivat ja tuo Lohikäärme, jonka muodostit ivailtavaksi sille merelle = meren ivailtavaksi.* – Saksalainen editio kääntää sanat *ad inludendum ei,* jotka käänsin: *pilkattavaksi merelle* (katsoen sen-pronominin datiivimuodon viittaavan mereen eli maailmaan metaforana): *zum Gegenstand des Spottes, pilkkaamisen välineeksi.* Tämä käännös sisältänee Saatanan sekä aktiivisena että passiivisena, pilkkaavana ja pilkattuna, tosiasioiden mukaan. Vrt. seuraavaan indeksiin.

[76] Raamattu kuvaa hyvin monissa kohdissa langenneita enkeleitä ja lapsia ivailemassa Jumalaa maan päällä, kuten 2 Piet. 2:1–3:4; Juud. 4:18–19 etc. Toisaalta pilkkaajiaan Herrakin nauraa, Ps. 2:4; 37:13; 59:9; Snl. 1:26 etc.

[77] Lat. **omins modus, omis species, omnis ordo.**

Erotukset luotujen olentojen eri kehitystasoissa, joita arvioidaan luonnon laadun, hyödyn, nautinnon ja oikeudenmukaisuuden kannalta.

XI,16

Niiden olentojen suhteen, jotka jollakin tavalla ovat olemassa, mutta eivät ole sellainen kuin on Jumala, joka on ne luonut, pannaan elävät olennot elottomien olevaisten yläpuolelle. Kuten ovat sellaiset, joilla on synnyttämisen kyky tai myös [elämän] tavoittelemisen kyky, arvostetaan niiden olioiden yläpuolelle, jotka ovat ilman tämänkaltaista toimintoa. Ja niiden olioiden kesken, jotka elävät, pannaan aistivat elävät, ei-aistivien edelle, kuten eläimet puiden. Ja niiden kesken, jotka aistivat, arvostetaan käsityskykyiset ymmärtämättömien yläpuolelle, kuten ihmiset eläinten. Ja niiden kesken, jotka ymmärtävät, arvostetaan kuolemattomat kuolevaisten yläpuolelle, kuten enkelit ihmisten.[78]

Mutta näin arvostetaan luonnon laadut tasojensa mukaan. Mutta arvostamisen tapa on toinen itse kunkin luonnon laadun käyttämiseen katsoen. Siihen sopii, että panemme tiettyjä aistimiseen kykenemättömiä eräiden aistivien luontojen edelle, siihen määrään asti, että tahtoisimme, jos kykenisimme, nuo aistivat suorastaan poistaa olioiden luonteestaan; joko kun nämä oliot saavat niitä kohtaan tuntemattomina jonkun ihmisen paikakseen, tai vaikkakin tuntisimme ne, arvostaen ne alemmaksi elottomia olevaisia omien etujemme tähden. Kukapa näet ei olisi haluamatta saada kotiinsa enemmän leipää kuin hiiriä, rahaa kuin kirppuja?

Mutta mitäpä kummaa tässä on, kun ihmisten itsensäkin arvostuksen mukaan – ihmisten, joiden luonto varmasti on niin suuriarvoinen – monesti vertaillaan kallisarvoisemmaksi hevonen kuin orja, jalokivi kuin palvelijatar?

Näin harkitsijan perustelu eroaa vapaasta harkinnastaan hyvin paljon puutteenalaisena välttämättömyyden vuoksi tai himoitsevana nautinnonhalun tähden, kun sitä vastoin vapaa harkinta punnitsee jotakin kohdetta asioiden arvoasteikossa asian itsensä perusteella. Edelleen, välttämättömyys miettii sitä, mitä se jonkin asian tähden tavoittelee; ja järki miettii sitä, mikä järjen valolle paljastuu todeksi; mielihyvä puolestaan kaipaa sellaista mielihyvää tuottavaa, mikä houkuttelee ruumiin aistien kautta.

Mutta niin paljon on merkitystä eräänlaisella ikään kuin tahdon[79] ja rakkauden[80] punnuksella (painoarvolla) järjellisten luontojen keskuudessa, että vaikka luonnon järjestyksen mukaan enkelit arvostetaan ihmisten edelle, kuitenkin vanhurskauden järjestyksen[81] johdosta arvostetaan hyvät ihmiset pahojen enkeleiden edelle.

---

[78] Vrt. **Augustinus, Kristillinen Opetus**, 1.8.8., jossa Augustinus tarkastelee elämän eri tasoja vastaavasti.

[79] Vrt. Jumalan tahtoon, Jes. 53:10; Matt. 6:10; CA 19. artikla, etc.

[80] Vrt. Jumalan rakkauteen, 1 Joh. 5:2-3; Matt. 22:37-40 etc.

[81] Vrt. Jumalan järjestykseen, Matt. 6:33 etc.

Pahuudesta johtuva turmeltuneisuus ei ole itse luonto, vaan vastoin luontoa. Syy synteihin luontoa vastaan ei ole Luojassa, vaan tahdossa. Jumala on jo edeltä nähnyt sen, kuinka hän on käyttävä hyvin jopa pahuuttakin.

XI,17

Niinpä luonnon tähden – ei Saatanan pahuuden tähden – oivallamme oikein sanotuksi: *hän on Herran luomisen alku*.[82] Sillä epäilyksettä siinä, missä on pahuuden vika, vioittamaton luonto edeltää sitä.

Mutta sillä tavalla vika on vastoin luontoa, ettei se voi muuta kuin vahingoittaa luontoa. Niinpä poikkeaminen Jumalasta ei olisi vahinko, jollei, luonto, jonka vahinkona tuo poikkeaminen on, pystyisi paremmin olemaan Jumalan yhteydessä.[83]

Tämän tähden jopa paha tahtokin on valtaisa todiste hyvästä luonnosta.

Mutta kuten Jumala on parhain hyvien luontojen Luoja, siten hän on oikeudenmukaisin pahojen tahtojen järjestykseen panija, niin että, kuten pahat tahdot käyttävät väärin hyviä luontoja, Jumala käyttää hyvin jopa pahoja tahtojakin.

Niinpä Jumala teki niin, että Saatana – Jumalan järjestelyssä hyvä, tahtoonsa nähden paha; asetettuna alhaisempien asioiden joukkoon – *pilkkasi itsensä pois enkeleiden joukosta*,[84] se on: hyödyttääkseen koettelemuksia Jumalan pyhien hyväksi, joiden vahingoksi Saatana koettelemuksia haluaa.

Ja koska Jumala, kun hänet loi, ei mitenkään ollut tietämätön tämän tulevasta pahuudesta, jo edeltä näki, mitä hyvää Jumala itse oli tekevä tämän pahuudesta, siitä syystä Psalmi sanoo: *"Sinne [merelle] Lohikäärmeen muodostit sitä pilkkaamaan"*,[85] niin että juuri hänessä itsessään, millaiseksi hänet muodostit, on lupa ymmärtää Jumalan edeltä valmistaneen jo edeltä tietämisensä kautta sen, kuinka Saatanaa ja pahaa käytetään Jumalan hyvyyden kautta hyväksi.

---

[82] Job 40:14, edellä XI,15, sen luvun viides indeksi eli ind. 74.

[83] Lat. **Non itaque esset vitium recedere a deo, nisi naturae, cuius id vitium est, potius competeret esse cum deo.** –Augustinus tässä kohtaa varmasti puhuu siitä sielun väärästä valinnasta, jossa se panee luodun Luojansa edelle (Room. 1:25), ja jossa sielu ei kasva uskossa, vaan kilpailee ja tavoittelee luotua hyvää Luojan vastaisesti, häntä vastaan sotien (Jes. 27:5). Terve luonto sitä vastoin soveltuu, elää ja voi hyvin yhtyessään Luojaansa. Luonnon vastaiset arvostukset ja lait ovat siis aina luonnon ja hyvinvoinnin vahinko yksilölle ja yhteisölle.

[84] Lat. *inluderetur ab angelis eius.* Job 40:14. LXX:n mukaisesti. Kts. edellä XI,15, sen luvun indd. 5,7 eli indd. 74 ja 76.

[85] Ps. 104:26 (Vulgatan 103:26 mukaisesti). Kts. edellä XI,15, sen luvun indd. 6,7 eli indd. 75 ja 76.

Aikakausien kauneus korostuu Jumalan kaitselmuksessa hyvän ja pahan vastakohtaisuuksien-kin kautta, kuten vastakohta-asettelu koristaa runoa.

XI,18

Eikä näet Jumala loisi – en nyt puhu enkeleistä, vaan – ketään ihmistäkään, jonka olemista tulevaisuudessa pahana hän ei edeltä tietäisi, jollei hän vastaavasti tietäisi, millaisiin hyvien asioiden käyttöihin hän heidät antaisi.[86] Ja siten hän kaunistaisi aikakausien jakson kuin kauneimman runon, kuin joistakin antiteesin tyylikeinoistakin.

Näet, ne mitä nimitetään antiteeseiksi kaunopuheisuuden kaunistuksien joukossa, ovat erittäin soveliaita tapoja, joita latinaksi nimitetään vastakkaisilmaisuiksi, eli mikä vielä selvemmin sanotaan: esityksen vastakohdiksi.[87] Meidän keskuudessamme ei ole tämän antiteesin nimityksen käyttöä, vaikka silti latinalainenkin puhe käyttää samaisia esityksen kaunistuksia; vieläpä nimitys on kaikkien kielten käytössä.

Näillä antiteeseillä apostoli Paavali Toisessa kirjeessään korinttolaisille esittää suloisesti tuon kohdan, jossa hän sanoo: *[Kaikessa me osoittaudumme Jumalan palvelijoiksi...] vanhurskauden sota-aseet oikeassa kädessä ja vasemmassa; pahassa maineessa ja hyvässä; kuin harhaan johtajina, ja kuitenkin totta puhuvina; kuin tuntemattomina, ja kuitenkin hyvin meidät tunnetaan; kuin kuolemaisillamme, ja katso, me elämme; kuin kuritettuina, emmekä kuitenkaan tapettuina; murheellisina, kuitenkin aina iloitsevina; puutteessa olevina, mutta monia aarteita jakavina, niin kuin emme omistaisi mitään, mutta kuitenkin omistaen kaiken.*[88]

Niin kuin tuottavat kauneutta nämä vastakkaisilmaukset pantuina vastakohtina niiden vastakohtaisille puheille, siten kauneutta muodostaa – ei sanojen kaunopuheisuus, vaan – tietty asioiden kaunopuheisuus vastakohtien vastakkain panemisella. Avonaisimmin tämä on tehty Siirakin kirjaan tällä tavalla: *Pahaa vastaan on hyvä, kuolemaa vastaan elämä; siten hurskasta vastaan on synnintekijä. Ja näin katso kaikkia Korkeimman tekoja. Ne ovat kaikki vastakkain, pareittain, toinen toisensa vastakohta.*[89]

---

[86] Vrt. Room. 9:21; 2 Tim. 2:20.

[87] Lat. *Antiteesi*-sana tulee kreikasta *anti'-theesi, vasta-asettelu*, alkuperäisen väitteen tai käsitteen vastakohta. Latinalaiset nimitykset sille ovat: *oppositio, contrarium,* **v**astakohdan kuvio. Esim. Brevis a natura nobis data est vita, at memoria bene redditae vitae sempiterna. *Lyhyt* on luonnon meille antama elämä, mutta hyvin eletyn elämän muisto on *ikuinen*. Tästä kuviosta erotetaan toisinaan *commutatio (antimetabalee)*, jossa vastakohta saadaan aikaan vaihtamalla saman käsitteen tarkastelun näkökulmaa. Esim. Esse oportet ut vivas, non vivere ut edas. On tarpeellista syödä, jotta *eläisit*, ei ole tarpeellista *elää*, jotta söisit. Tai yhtä subjektia tarkastellaan vuorotellen vastakkaisista tai poikkeavista näkökulmista. Esim. In otio tumultuaris, in tumultu es otiosus. *Joutilaisuudessa* sinä *metelöit. Metelöinnissä* sinä olet *joutilas*. Augustinus käytti vastakohtailmaisuja kolmen suosituimman tyylikuvioittensa joukossa. Esim. Minä olin *pieni* poika, *suuri* syntinen. Edustavana näytteenä seuraavassa hänen antiteesisen kuvion liittämisensä **oxymoron**iin (kahden ulkonaisesti toisilleen vastakkaisen, keskenään toisensa poissulkevan käsitteen ajatuksellisesti runsas liittymä yhdeksi kokonaisuudeksi): *"Sillä he (vanhemmat, opettajat) eivät pitäneet silmällä, mihin käytin sitä oppia, jota minulle tyrkytettiin, käyttäisinkö sitä muuhun kuin täydellisen tyhjyyden ja häpeällisen kunnian tyydyttämättömiä himoja täyttämään."* Confessiones I,2. – Otavan suuri tietosanakirja antaa *oxymoronista* kaksi esimerkkiä: *polttava kylmyys* (Kivi); *kaunopuheinen vaitiolo*. (Cicero). – Kts. **Augustinus, Kristillinen Opetus**, *oppositio, contrarium*, tyylikeinot, no 10, s. 189; ja Augustinuksen esitystavat, 208–220; **Olli, Kirkkoisä Augustinuksen syntikäsitys Confessiones-teoksessa**, s. 13–16.

[88] 2 Kor. 6:4–10. Augustinuksen käyttämässä lukutavassa on hiukan Pohjois-Italian vanhaitalialaisten Raamatun tekstien ja pyhää Ambrosiusta kommentoivan "Ambrosiasterin" vaikutusta, mitkä vivahteet eivät välttämättä juuri näy suomennokseen.

[89] Siir. 33:14–15. Todellakin, Lutherkin Augustinuksen kanssa korostaa tätä näkökohtaa opetuksissaan.

Mitä merkitsevät sanat: "Jumala kutsui valkeuden päiväksi ja pimeyden yöksi, ja erotti valkeuden pimeydestä (Gen. 1:4–5; 14).

XI,19

Vaikkakin näin ollen Jumalan puheen käsittämättömyys on jopa siihenkin hyödyllinen, että se aikaansaa enemmän sisältöjä totuudesta ja auttaa eteenpäin valoa kohti, kun yksi ajattelee niin ja toinen näin – kuitenkin sillä edellytyksellä, että se mitä epäselvistä kohdista oivalletaan, varmistetaan joko ilmiselvien asioiden todistuksella tai toisilla [Raamatun/kristinopin] sellaisilla kohdilla, jotka ovat mahdollisimman vähän epäiltäviä; joko, kun monia asioita pohditaan, päästään perille siihen totuuteen, jota tarkoitti Hän, joka kyseisen kohdan kirjoitti, tai sitten se totuus pysyy piilossa, mutta silti syvän pohdittavan epäselvyyden tilassa lausutaan todeksi joitakin toisia [sinänsä oikeita] totuuksia[90] – minusta ei näytä Jumalan töistä olevan mahdoton se ajatus, jos, kun tuo ensimmäinen *valkeus* luotiin, se valo ymmärretään luoduiksi enkeleiksi, pyhät enkelit ja saastaiset keskenään toisistaan pois erotetuiksi, mistä on sanottu: *"Jumala erotti valkeuden pimeydestä; ja Jumala kutsui valkeuden päiväksi ja pimeyden hän kutsui yöksi."*[91]

Näet, tuon meille parhaiten tunnetun *päivän* ja *yön* erotuksesta, se on: tämän [luonnollisen] valon ja näiden [luonnollisten] pimeyksien välistä hän käski aisteillemme julkisimmiksi tulleista taivaan valoista, jotta *ne* tekisivät eroa välillään: *"Tulkoot valot taivaanvahvuuteen loistamaan maan päälle ja erottamaan päivän yöstä",* ja vähän myöhemmin: *"Jumala teki kaksi suurta valoa, isomman päivän alkuihin, ja pienemmän öitten alkuihin, sekä tähdet. Ja Jumala pani nämä taivaanvahvuuteen loistamaan maan päälle, ja hallitsemaan päivää ja yötä ja tekemään eron valon ja pimeyden välillä."*[92]

Sitä vastoin tuon *valkeuden*, joka on enkeleiden pyhä yhteisö säteillen käsitettävissä olevan totuuden loisteellaan, ja sille vastakkaisten *pimeyksien*, se on: pahojen enkeleiden vanhurskauden totuuden valosta pois kääntyneiden mielten, välillä, saattoi erotuksen tehdä [vain] *itse Hän*, jolle salattua tai epävarmaa ei voinut tulevaisuus olla – ei vain luonnon ominaisuutena, vaan – ei tahdonkaan pahana ominaisuutena oleminen.

---

[90] Tästä asiasta **Augustinus** kirjoittaa **Kristillinen Opetus** -teoksessaan (3.28.39, ss. 109–110): "Mutta siinä, missä kaivetaan esiin sellainen merkitys, jonka epävarmuutta ei voida poistaa Raamatun varmoilla todistuksilla, jää jäljelle, että se merkitys tulee kouraantuntuvan selväksi sallitulla järkiperusteella; myös siinä tapauksessa, että hän, jonka sanoja pyrimme ymmärtämään, tuota merkitystä ei ehkä tuntenut. Mutta tämä tapa on vaarallinen. Näet, paljon turvallisemmin edetään Pyhien Kirjoitusten avulla. Silloin kun tahdomme tarkoin tutkia Raamatun hämäräksi jääneitä, vertauskuvallisesti käytettyjä sanoja, tulkoon sieltä esiin tulokseksi joko sellainen, missä ei ole ristiriitaa [varmojen Todistusten kanssa], tai jos siinä sellaista on, lopetettakoon ristiriita samasta Kirjoituksesta mistä tahansa löydetyillä ja asiaan kuuluvilla todisteilla." – Katso myös tämän tekstin alaviitteet po. teoksessa s. 110, ja myös opetukset 3.2.2–3 ja 2.39.59. Kyseinen teos kokonaisuutena neuvoo Raamatun oikeaa lukemista monipuolisesti.

[91] Gen. 1:4–5.

[92] Gen. 1:14–18a. – Augustinuksen lukutapa *isomman päivän alkuihin, ja pienemmän öitten alkuihin* noudattaa LXX:n kirjaimellista lukutapaa, mutta sehän ei ajatuksellisesti eroa Vulgatan ja Kirkkoraamattumme ilmaisuista.

Minkä pimeyden Jumala hyväksyy tai on hyväksymättä erotettuaan sen valkeudesta (Gen. 1:4; 14–18).

XI,20

Lisäksi vielä, ei pidä vaieten sivuuttaa sitä, mitä on yhdistetty heti sen kohdan jälkeen, jossa Jumala sanoo: *"Tulkoon valkeus, ja valkeus ja tuli"*, nimittäin: *"Ja Jumala näki, että valkeus on hyvä."*[93] Jumala ei sanonut valkeutta hyväksi sen jälkeen, kun hän oli tehnyt erotuksen valkeuden ja pimeyden välillä ja nimitti valkeuden päiväksi ja pimeyden yöksi, jottei näyttäisi, että hän olisi antanut todistuksen suosiostaan yhdessä *valkeuden* kanssa myös tuollaisille *pimeyksille*.

Näet siellä, missä viattomia ovat sellaiset pimeydet, joiden ja meidän silmillemme nähtävissä olevan valon kesken tehdään erotus, ei pistetä eteen vaan jälkeen: *"Ja Jumala näki, että se on hyvä."*[94] *"Jumala pani"*, hän sanoi, *"ne taivaanvahvuuteen loistamaan maan päälle ja hallitsemaan päivää ja yötä ja tekemään erotuksen valon ja pimeyksien välillä. Ja Jumala näki, että se on hyvä."*[95] Molemmat tilat Jumala näki hyväksi, koska kumpikin on synnittä.

Mutta siinä, missä Jumala sanoi: *"Tulkoon valkeus, ja valkeus tuli. Ja Jumala näki, että valkeus on hyvä"*, pian tämän jälkeen tuodaan esiin: *"Ja Jumala teki erotuksen valkeuden ja pimeyden välillä, ja kutsui valkeuden päiväksi ja pimeydet hän kutsui yöksi"*,[96] tähän kohtaan ei ole lisätty: *"Ja Jumala näki, että se on hyvä"*, jottei kumpaakin nimitettäisi hyväksi, koska näistä toinen oli paha, perusvikansa vuoksi, mutta luonto ei ollut paha; ja niin ollen vain *valkeus* on tässä Raamatun kohdassa Jumalalle mieluinen. Mutta enkeleiden *pimeydet*, vaikkakin enkelit olivat mahdollisia järjestykseen saatettaviksi, eivät he kuitenkaan olleet pimeyksinä osoittautuneet hyväksyttäviksi.

---

[93] Gen. 1:4.
[94] Gen. 1:18.
[95] Gen. 1:17–18.
[96] Vrt. 1 Tess. 5:5 s.; Room. 13:12 etc.

Jumalan tietäminen ja tahtominen ovat muuttumattomia ja iankaikkisia. Hänen näkymättömät ominaisuutensa, hyvyytensä, tietonsa ja tahtomisensa näkyvät juuri sellaisina, kuin ne ovat hänen teoissaan sanansa kautta.[97] Mitkä ovat kolme tärkeintä luomisesta tiedettävää asiaa.

XI,21

Mitä näet muuta on oivallettava siitä kohdasta, joka kaikesta luomisesta sanotaan: *Jumala katsoi, että se oli hyvä,[98]* kuin että työn hyväksyminen on yhdenmukainen sen työn ominaisuuden kanssa, joka ilmentää [<on] Jumalan viisautta?

Mutta Jumala ei siihen asti kuin maailma oli tehtynä, vasta silloin oppinut tuntemaan sitä hyväksi,[99] koskapa kerran mitään luomisista ei olisi tapahtunutkaan, jos se olisi ollut hänelle tuntematonta.[100] Näet, silloin kun Jumala näkee hyväksi sellaisen, mikä lainkaan ei olisi olemassa, jollei hän olisi nähnyt sitä ennen kuin se tapahtui, hän opettaa sen olevan hyvän, ei itse ole sitä oppimassa.[101]

Platonkin on kuitenkin liian uskalikko sanomaan, että Jumala olisi ollut kohonneessa mielialassa, nimittäin maailmankaikkeuden täydellisyyden ilosta.[102] Tässä kohtaa Platon itsekään ei [silti] ollut mieletön aina siihen asti, että katsoisi Jumalan tulleen onnellisemmaksi työnsä tavattomuuden tähden.

Vaan Jumala tahtoi osoittaa, että hän oli mieltynyt työnsä ominaisuuteen jo tehtynä siten, kuin se oli häntä miellyttänyt ominaisuudessaan luotavana; ei että Jumalan tietämys millään tavalla tehtäisiin vaihtelevaksi, niin että hän tietämyksessään joko tekisi yhdenlaiseksi sellaisen, mitä siihen asti ei ole olemassa, tai toisenlaiseksi sellaisen, mikä jo on olemassa, tai taas toisenlaiseksi sellaisen, mikä on oleva. Hän ei näet meidän tavallamme etukäteen katsele joko sitä, mikä tuleva on, tai tarkkaile sitä, mikä on läsnä, tai silmäile taaksepäin sitä, mikä on ohitse, vaan tietyllä toisella, meidän ajattelutapaamme nähden etäälle ja syvästi toisella tavalla.

---

[97] Vrt. Room. 1:20.

[98] Gen. 1:31.

[99] Vrt. Augustinus De Genesi contra Manichaeos (kirjoitettu 388/9–390), I 8.

[100] Vrt. edellä luvun kymmenen loppuun, sekä tämän luvun seuraava indeksi, ja tämän luvun toiseksi viimeisen indeksin kohdasta (= ind. 105).

[101] Tämä ajatus liittyy universaaliseen totuuteen: kukaan ei ole vanhurskaampi eikä voi toimia paremmin kuin hän jonkin asian tuntee. Jumalasta edelleen, ei voida oikein tietää ilman uskoa sanaan, eikä pitää toivoa Jumalaan vilpillisessä omassatunnossa. Niinpä Augustinus sanoo (**Kristillinen Opetus**, 1.37, s. 30; 2.18.28 ind. 2, s. 55–56): **"Mutta usko horjuu, jos Raamatun arvovalta järkkyy. Edelleen, jos usko horjuu, pakosta itse rakkauskin raukeaa.** Sillä jos joku lankeaa uskosta, on väistämätöntä, että hän lankeaa rakkaudestakin. Hän ei näet voi rakastaa sitä, mitä hän ei usko olevan. Edelleen, jos hän sekä uskoo että rakastaa, toimimalla hyvin ja tottelemalla hyvän moraalin käskyjä, hän saa aikaan, että hän myös toivoo saapuvansa siihen, mitä rakastaa. Niinpä kolme on asiaa, joiden hyväksi kaikki *tieto* ja *profetia* tekevät sotapalvelustaan: *usko, toivo ja rakkaus."*
– Vrt. myös **Augustinus, Henki ja Kirjain**, 36:64, jossa Augustinus sanoo: "On näet kyllä mahdollista tietää ja uskoa jotakin silti rakastamatta sitä. Mutta mahdotonta on rakastaa sellaista, mitä ei tiedä ja mihin ei usko."
– Kuinka suuren ja tärkeän totuuden Augustinus lausuukaan tuossa lauseessaan: " Usko horjuu, jos Raamatun arvovalta järkkyy." Ja kuinka suuren tehtävän usko tekeekään, kun se tutkii Sanaa, kunnes löytää Jumalan totuudet ja sen, mikä on uskomisen arvoista: se on yhtä arvokas työ, kuin on arvokas se, mikä löydetään. – Puheena olevan tiedon ja uskon ensisijaisuuden **Cicerokin** tunnustaa puhumiseen nähden sanoen, ettei kukaan voi puhua paremmin, kuin mitä asian tuntee. **Luther** puhuu vastaavasti Galatalaiskirjeen 5:5:n selityksessään.

[102] Tim. 37 C.

Hänhän ei näe yhdestä kohdasta toiseen paikkaan niin, että ajatuksensa silloin on muuttunut, vaan kokonaan muuttumattomasti, niin että tosin sellaiset asiat, jotka ajallisesti tapahtuvat, ovat myös tulevina ne, joita eivät vielä ole olemassa, ja käsillä olevina ne, jotka jo ovat olemassa, ja menneinä ne, joita enää ei ole olemassa, mutta itse hän järkkymättömänä ja iankaikkisena ottaa tämän kaiken ymmärrykseensä. Ei hän ota ymmärtämykseensä yhdellä tavalla silmillään, toisella tavalla mielessään – hän ei näet koostu sielusta ja ruumiista – eikä yhdellä tavalla nykyisyydessä, toisella tavalla tätä aikaisemmin ja toisella tavalla tätä myöhäisemmin, koskapa hänen tietämyksensä ei muutu kolmen aikaluokan vaihtelun tähden, nimittäin nykyisyydestä, menneestä ja tulevasta johtuen, kuten meidän tietämyksemme muuttuu näistä. *Hänen tykönään ei ole muutosta eikä muutosvaikutuksen varjoa.*[103]

Eikähän Hänen huomionsa siirry ajatuksesta ajatukseen: hänen aineettomassa tarkastelussaan ovat yhtä aikaa läsnä kaikki se, mistä hän on tietoinen. Sillä näin hän ei tiedä aikoja niiden mistään ajallisista tietolähteistä, kuten hän ei pane liikkeelle ajallisia asioita minkään niiden ajallisten liikkeiden tähden.[104]

Niinpä hän näki tekemänsä luomakunnan hyväksi siinä, missä hän näki sen hyväksi tehdäkseen sen. Eikä siitä syystä, että hän näki luomakunnan tehdyksi, hän kaksinkertaistanut tietämystään, tai joltakin osin sitä lisännyt, ikään kuin vähäisempi tietämys olisi ollut hänen ominaisuutenaan ennen kuin hän teki sen, minkä näki tehdyksi; hän, joka ei toimisi niin täydellisesti muutoin niin täydellisen tietämyksensä tähden, ettei mikään hänen toimintansa tuonut siihen lisäystä.[105]

Tämän tähden, jos meidän pitäisi sulkea suosioomme ainoastaan hänet, joka valon loi, riittäisi sanoa: *Jumala loi valon.* Mutta jollei tulisi sanoa vain sitä, kuka sen loi, vaan myös, minkä kautta hän loi, olisi riittävää tulla ilmoitetuksi: *Ja Jumala **sanoi**: tulkoon valkeus. Ja valkeus tuli,* jotta emme tietäisi ainoastaan, että Jumala teki valon, vaan tietäisimme myös sen tehdyksi *sanan* kautta.

Sillä todellakin meille tuli kuvata tietyt **kolme enimmin tiedettävää asiaa luomakunnasta: kuka sen teki, minkä kautta hän sen teki ja minkä tähden hän sen teki**. *Jumala sanoi,* hän lausui, *tulkoon valkeus. Ja valkeus tuli. Ja Jumala näki, että se on hyvä.* – Jos nyt kysymme: kuka sen teki? Jumala se on. Jos kysymme: minkä kautta hän sen teki? *Hän **sanoi**: tulkoon valkeus.* Jos kysymme: minkä tähden hän sen teki? Koska *se on hyvä.*

Eikä Raamatun kirjoittaja ole Jumalaa etevämpi, eikä luomakunnan ominaisuus ole vaikuttavampi tekijä kuin Jumalan sana, eikä luomisen syy ole parempi kuin hyvän Jumalan luoma hyvä. Tämän maailman luomisen syyn Platonin sanoo kaikkein oikeudenmukaisimmaksi niin,

---

[103] Jaak. 1:17. Lat. *Apud quem non est immutatio nec **momenti** obumbratio.* Vulgata: *Apud quem non est transmutatio nec **vicissitudinis** obumbratio.* **Momentum**, liikkeelle pane voima, vaikutus, syy > muutosvaikutus. **Vicissitudo**, vaihtelu. < Kr. παρ' ᾧ οὐκ ἔνι παραλλαγὴ ἢ τροπῆς ἀποσκίασμα. *Jonka tykönä ei ole mitään muutosta tai vaihtelun/muutoksen [aikaansaamaa] pimentymistä/varjoa.* (σκιά, varjo).

[104] Vrt. Joos. 10:12–14; 2 Kun. 20:11. Siir. 48:23. – Lause kuuluu kokonaisuudessaan: **Quoniam tempora ita novit nullis suis temporalibus notionibus, quemadmodum temporalia movet nullis suis temporaqlibus motibus.** – Augustinuksen ajatus on, ettei Jumala ole tähtiensä ja aikamerkkiensä alamainen, vaan vaikuttaa niihin haluamallaan tavalla, itse muuttumatta.

[105] Kts. edellä tämän luvun 5. indeksi eli ind. 101.

että hyvältä Jumalalta tulevat hyvät teot. Joko Platon oli nämä lukenut, tai ehkä oli tullut ne tietämään nämä lukeneilta, tai hän oli huomannut hyvin terävällä älyllään oivallettuina näkymättömät Jumalan totuudet Jumalan luomien töiden perusteella,[106] tai hän itsekin oppi ne niiltä, jotka olivat ne huomanneet.

---

[106] Room. 1:20.

Manikealaisten väärät käsitykset Jumalasta, Jumalan toimimisesta vastustaessaan pahaa, sekä pahan ainoasta alkuperästä; Jumalan luomien luontojen oikeista ja vääristä käytöistä, ja Jumalan toimimisesta vastakohtien kautta ja avulla.

XI,22

Kuitenkaan tätä perustetta, se on: Jumalan hyvyyttä hyvyyksien luomiseen, tätä, sanon, niin oikeutettua ja pätevää perustetta, joka huolellisesti harkittuna ja velvollisuudenmukaisesti ajateltuna lopettaa kaikki erimielisyydet maailman alkuperän kysymyksistä, tietyt hereetikot eivät ole havainneet. Sillä he huomaavat loukkaantuen varsin monia asioita: kokevat tukalana tämän lihallisuutemme haurauden, ja kuolevaisuutemme oikeudenmukaisesta rangaistuksesta pian vastaantulevaisena, samanaikaisesti kun nämä eivät tuohon hyvyyteen sovellu, kuten eivät soveltuisi tulipalo tai kuoleman kauhu tai raivoavat pedot, ja mitä nyt senkaltaisia pahuuksia olisi.

Eivätkä he kohdista ajatteluaan siihen, kuinka nämä pahuudet myös toisaalta ovat arvokkaita sijainneissaan ja luontaisissa yhteyksissään, ja ne jäsennetään kauniiseen sääntöönsä; ja kuinka ne hyödyttävät työnsä osuudella asioiden kokonaisuuden hyväksi kuin yhteistä valtiota varten. Tai jos käytämme niitä itsemme hyväksi sopivasti tietämyksemme mukaisesti, ne luetaan edullisiksi, kuten juuri myrkytkin, jotka soveltumattomina ovat vaarallisia, mutta asianmukaisesti yhdistettyinä ne muuttuvat terveellisiksi lääkkeiksi. Ja päin vastoin, nekin asiat, joista iloitaan, kuten ruoka ja juoma ja valo, kohtuuttoman ja epäsopivan käyttönsä tähden ajatellaan vahingollisiksi.

Tämän tähden Jumalan edeltätietämys kehottaa meitä olemaa moittimatta asioita epäviisaasti; sen sijaan *tarkoin* tiedustelemaan asioiden *hyödyllisyyttä*. Ja siinä, missä älymme tai horjuvaisuutemme rupeaa kapinalliseksi, se kehottaa ajattelemaan asian olevan siten salattu, kuten ovat jotkut sellaiset asiat, joita tuskin voimme löytää. Sillä jopa hyödyllisyyden piilossa olokin on joko nöyryyden harjoitus tai paisumisemme hävitys. Sillä ylimalkaan mikään luonto ei ole paha. Ja tätä pahaksi nimittämistä ei ole olemassa millekään luonnolle, vaan vain sille asialle, että luonnossa hyvyys vähenee.[107]

Mutta maallisista asioista aina taivaallisiin asti, ja näkyväisistä asioista aina näkymättämiin asioihin asti, yhdet asiat ovat toisia asioita parempia, ja tämän tähden ne ovat vaihtelevia, ollakseen kaikki olemassa. Mutta Jumala on sillä tavalla suuri mestari suurissa asioissa, ettei hän ole pienempi pienissä asioissa.[108] Näitä vähäisiä asioita ei tule arvioida suuruutensa perusteella – joka ei ole mikään peruste – vaan mestarinsa viisauden perusteella. Kuten ihmisen ulkomuodossa, jos ajelisimme siitä pois toisen kulmakarvoista, kuinka lähes mitään alennetaan ruumiin arvosta, mutta kuinka paljon vähennetään kauneutta, joka ei muodostu massan perusteella, vaan jäsenten yhdenmukaisuudesta ja suhteellisesta ulottuvaisuudesta.

---

[107] Lat. Cum omino natura nulla natura sit malum nomenque hoc non sit nisi **prviationis boni.** – Tässä on ilmaistu ainoa pahan alkusyy: **Jumalan luoman hyvän väheneminen.** Vrt. edellä IX; tuon luvun viimeinen indeksi eli ind. 50; XI,13 tuon luvun 5. indeksi eli ind. 66, ja tässä luvussa 3. indeksin (=109) kohta. Edelleen vertaa, **Augustinus, Kristillinen Opetus,** Augustinuksen päävaikutuskaudet, s. 223 ja s. 10 ind. 2, sekä s. 95 indd. 2 ja 3; **Olli, Kirkkoisä Augustinuksen Syntikäsitys,** manikealaisuus ss. 39–43, etc.

[108] Vrt. Luuk. 16:10 ja **Augustinus, Kristillinen Opetus,** 4.18.35, s. 155–156.

Eikä todellakaan ole paljoa ihmeteltävää, että ne jotka arvelevat, että melko suurta pahaa luontoa on olemassa nousseena tavallansa vastakohdastaan, ja se on lisättynä alkuperäänsä, eivät ole tahtoneet omaksua tuota puheena olevaa syytä luomiselle, niin että hyvä Jumala loi hyvät asiat; he uskovat Jumalan mieluummin tiettyjen itseänsä vastaan kapinallisen [Saatanan] maallisten ponnistelujen johdosta taivutetuksi pahan torjumisen äärimmäisestä välttämättömyydestä: Jumalan sekoittaneen hyvän luontonsa pahaan luontoon, pahan voittamisen ja rajoittamisen tähden. Tämän häpeällisimmin saastutetun ja julmimmin vangitun ja ahdistetun hyvän luontonsa Jumala heidän mielestään saa suurella vaivalla tuskin puhdistetuksi ja vapautetuksi. Ei kuitenkaan puhdistetuksi kaikkea luontoansa, vaan se osa luonnostansa, jota Jumala ei saa puhdistetuksi tuosta saastaisuudesta, on suojavarustuksena ja vihollisen voittamisen ja telkeämisen tulevaisena kahleena.[109]

Mutta manikealaiset eivät olisi näin mielettömiä – tai mieluummin: eivät hulluina raivoaisi – jos he uskoisivat, niin kuin se on, muuttumattomaksi ja täysin turmeltumattomaksi Jumalan luonnon, jota mikään ei voi vahingoittaa. Sitä vastoin, jospa he mietiskelisivät kristillisen terveellisesti sitä sielua, joka omasta tahdostaan saattoi muuttua varsin inhottavaksi ja syntinsä tähden turmeltua ja siten tulla osattomaksi totuuden muuttumattomasta valosta, ei Jumalan osana eikä Hänen luontonsa osana, joka on Jumala, vaan Jumalan luomana sieluna kauas erilaisena kuin Luojansa.

---

[109] Kts. edellä tämän luvun 1. indeksi eli ind. 107.

Origineen opin virhe ja syyllisyys, hänen, manikealaisten ynnä muiden filosofien harhoja maailman luomisen syystä.

XI,23

Mutta paljoa enemmän ihmeteltävä asia on, että myös eräät henkilöt, jotka meidän kanssamme uskovat, että yksi on kaikkien asioiden alkuperä, ja ettei ole olemassa mitään sellaista luontoa, joka on semmoinen, jollainen Jumala on, ja että tätä luontoa ei voi olla olemassa muuta kuin sen Luojalta, eivät kuitenkaan ole tahtoneet uskoa tuota maailman muodostamisen syytä niin hyväksi ja yksinkertaiseksi, että hyvä Jumala loi sen hyväksi, ja että luodut hyvyydet eivät Jumalan jälkeen arvoon katsoen ole sellaisia, jollainen Jumala on, kuitenkin ne olivat hyvyyksiä, jotka teki vain hyvä Jumala.

Mutta he sanovat, että sellaiset sielut, jotka tosin eivät ole Jumalan osasia, vaan hänen tekemiään, olivat tehneet syntiä Luojansa antaessa heille periksi, ja synnintekijöiden erilaisuuksien mukaisesti erilaisin edistymisin synneissään sielut, taivaasta aina maan päällä oleviin asti, olivat ansainneet itselleen erilaiset ruumiit kuin kahleet; ja tästä olisi peräisin maailma, ja tästä syystä olisi ollut maailman tekeminen, ei jotta se luotiin hyväksi, vaan jotta pahaa torjuttiin.

Tästä Origenes tulee syyn alaiseksi. Hän näet kirjoissaan, jotka hän nimittää περὶ ἀρχῶν, se on: *alkuperistä*, oli tätä mieltä, näin kirjoitti.[110] Tässä asiassa ihmettelen enemmän kuin voidaan sanoa, että seurakunnan Kirjoista niin paljon oppinut ja harjoitettu ihminen ei ollut kiinnittänyt huomiotaan siihen ensinnäkin, kuinka tämä mielipide oli vastakkainen Raamatulle, sen tämän niin suuren arvovallan omaavalle tarkoitukselle, joka yhdistäen täysin kaikki Jumalan työt sanoo: *"Ja Jumala näki, että se oli hyvä"*; ja kaikkien töiden tultua saatetuiksi valmiiksi ilmaisten: *"Ja Jumala katsoi kaikkea, mitä hän oli tehnyt, ja katso, se oli sangen hyvää"*; tämä Raamatun intentio ei ole tahtonut ymmärretyksi mitään toista maailman luomisen syytä kuin sen, että hyvä Jumala teki hyvät asiat.

Tässä luomisen tarkoituksessa, jollei kukaan olisi tehnyt syntiä, yksinomaan hyvät luonnot kaunistaisivat ja täyttäisivät maailman. Ja koska syntiä oli tehty, ei siitä syystä synnit kaikkea täyttäneet, koska hyvien asioiden paljoa suurempi merkitys varjelee luontojensa järjestyksen taivaallisiin. Eikä paha tahto, koska se ei tahtonut pitää voimassa luonnon järjestystä, siitä syystä pääse pakoon kaiken hyvin järjestykseen panevan, oikeudenmukaisen Jumalan lakeja.

Sillä niin kuin maalaus mustalla värillä paikoin maalattuna, siten maailmojen kaikkeus – jos joku voisi sitä tarkastella – on kaunis jopa syntistenkin keralla, vaikkakin itsessään tarkasteltuna heidän rumuutensa häpeällisesti mustentaa kuvaa.

---

[110] **De pincipiis** 1.6. – Origines, n. 185–254 Egyptissä. Hän toimi Aleksandrian teologisen koulun johtajana karkotukseensa saakka. Origineen ajatteluun kuului **uusplatonismin** mukaan kaiken virtaaminen Jumalasta **emanaationa**, tietty **sielun vaellusoppi**, kaiken luodun palaaminen (**remanaatio**), **luomakunnan luomattomuus** yms. eri filosofioiden vaikutuksia, erityisesti uusplatonisuuden yhdessä **manikealaisuuden** kanssa; Raamatun selityksensä olivat varsinkin allegorista, eivät kaikilta puolin vailla ansioitakaan. Hänen opetuksensa tuomittiin Aleksandrian kirkolliskokouksessa v. 400, ja "originesmi" lopulta torjuttiin myös Konstantinopolin kirkolliskokouksessa v. 553, yhdestätoista eri kysymyksestä. Eräs tuomionsa saanut Origineen teko ja näkemys oli, että hän tavoitteli siveellistä puhtautta kuohitsemalla itsensä. – **WSOY, Facta**, Origines. **Penguin Classics, St. Augustine, City of God**, s. 455, ind. 46. – Katso *emanaatiosta*, **S. Teinonen, Teologian sanakirja, emanaatio**, ja **Olli, Kirkkoisä Augustinuksen syntikäsitys**, s. 223, kohta x.

Sitten Origines oli velvollinen näkemään, ja ketkä tahansa, jotka tällä tavalla ovat viisaita, että jos tämä mielipide olisi tosi, että maailma siitä syystä tehtiin, että syntiset vastaanottaisivat ruumiinsa kuin orjien pakkotyöhuoneina, joihin heidät rangaisten suljettaisiin, syntiensä ansioiden mukaisesti – lievempiin, jotka vähemmän, alempiin ja raskaampiin pakkotyöhuoneisiin enemmän syntiä tehneet – niin pahat henget (demonit), joita kehnompia mitään ei ole olemassa, olisivat olleet velvollisia saamaan maiset ruumiit, joita alempia ja raskaampia ei mitään ruumiita ole, pikemmin kuin ihmiset, vieläpä hyvät ihmiset. Mutta nyt, jotta ymmärtäisimme, ettei sielujen ansioita pidä punnita minkäänlaisten ruumiiden perusteella, *ilmavalloista*[111] on pahin demooni, ihmisen sitä vastoin, nytkin vielä sallitaan olevan paha paljoa vähemmässä määrin ja lievemmästi; ja varmasti ennen syntiänsä, kuitenkin ihminen sai osakseen *savisen*[112] ruumiin.[113]

Mutta mitä tyhmempää voitaisiin sanoa, kuin tuosta heidän auringostaan, että vaikka se oli ainoana ainoassa maailmassa, Jumala sen mestarina olisi ryhtynyt suunnitelmiinsa, ei kauneuden arvokkuuden hyväksi tai myöskään ruumiillisten asioiden terveyden hyväksi, vaan aurinko ilmestyi esiin pikemminkin siksi, koska yksi sielu oli tehnyt syntiä siten, että ansaitsi tulla suljetuksi tuollaiseen ruumiiseensa? Ja tästä väitteestä johdettuna: jos olisi tapahtunut, ettei vain yksi sielu, vaan kaksi, vieläpä ei vain kaksi, vaan kymmenen tai sata sielua olisivat samalla tavalla ja vastaavasti tehneet syntiä, olisiko tämä maailma saanut sata aurinkoa?[114] Vaikkapa tätä ei tapahtunut, ei muka aurinkoakaan oltu suunniteltu tekijänsä ihmeellisen edeltätietämisen johdosta ruumiillisten asioiden terveyttä varten, vaan tapahtui mieluummin niin suuresta yhden syntisen edistymisestä se, että yksi sielu sellaisen ruumiin ansaitsi.[115] – Ei pelkästään noiden sielujen kehityksen johdosta, joista he eivät tiedä sitä, mistä puhuvat, vaan heidän omien sielujensa kehityksen johdosta, heidän, jotka esittävät tällaisia kaukana totuudesta olevia viisauksia, ansiostakin on omiin sieluihinsa liitettävä edistyminen synnissä!

Niinpä ne kolme asiaa, jotka mainitsin edellä, kun kysytään itse kunkin luodun osalta: **kuka sen teki, miten hän sen teki, mistä syystä hän sen teki**, niin että vastataan: **Jumala, sanallaan, koska hän on hyvä**, [herättävät kysymyksen], tehdäänkö meille näin sisäiseksi asiaksi itse Kolminaisuus, korkeudessaan salainen Jumala, se on: Isä ja Poika ja Pyhä Henki, vai tuleeko täten vastaamme jotakin sellaista, mitä Raamattu tässä kohdassa torjuu sen omaksumiseksi. Tämä on monien keskustelujen kysymys, eikä sitä kaikkea ole kehotettava yhdessä kirjassa selitettäväksemme.

---

[111] Lat. *aerium* pessimus. Vrt. Ef. 2:2: *in quibus aliquando ambulastis secundum saeculum mundi huius secundum principem potestatis **aeris** huius spiritus qui nunc operatur in filios diffidentiae* = joissa te ennen vaelsitte tämän maailman menon mukaan, **ilmavallan** hallitsijan, sen hengen hallitsijan, mukaan, joka nyt tekee työtään tottelemattomuuden lapsissa,

[112] Lat. **luteum** corpus. Vrt. 2 Kor. 4:7: *Mutta tämä [uskon] aarre on meillä **saviastioissa**, että tuo suunnattoman suuri voima olisi Jumalan eikä näyttäisi tulevan meistä.*

[113] Ihminen siis sai osakseen jo ennen syntiänsäkin lihallisen ruumiin, joka silloin tosin oli elimellisessä eli luodussa hengenyhteydessä Jumalaan. Nyt yhteys on armon saamisen eli uskomisen hengen kautta uskovilla.

[114] Siis jos Jumalan auringon luomisen suunnitelma perustuisi syntiin lankeamisiin, eikä Jumalan hyvyyteen.

[115] Mikäpä enemmän julistaa Luojansa kauneuden ja terveyden tarkoitusta luonnossa kuin aurinko! Origines oli manikealaisten ja muiden filosofien kanssa kuitenkin esittänyt, että maailmaa, johon aurinkokin kuului, ei oltu luotu hyväksi, vaan rajoittamaan pahaa. Tästä hänelle seurasi ilmeinen vaikeus, kuinka auringon tarkoitus on selitettävä. Ja he siis tekivät sen ohittamalla auringon vaikutukset painottaen yhden syntisen sielun merkitystä.

Opetus pyhästä Kolminaisuudesta. Pyhän Kolminaisuuden ilmeneminen Jumalan luomissa-noissa ja edelleen luomakunnassaan ja pyhiensä yhteisössä.

XI,24

Uskomme ja pidämme siitä kiinni sekä uskollisesti julistamme sitä, että Isä synnytti Sanansa, se on: Viisauden, jonka kautta kaikki on tehty, ainosyntyisen Poikansa, yksi yhden, iankaikki-nen iankaikkisen, ylimmin hyvä, yhtäläisesti hyvän; ja että Pyhä Henki on samalla sekä Isän että Pojan Henki, ja Hän itse on samaa olemusta ja yhtä iankaikkinen molemmille; ja että tämä kaikki on sekä Kolminaisuus persooniensa ominaispiirteen tähden että yksi Jumala erottamat-toman jumaluutensa tähden, kuten yksi kaikkivaltias erottamattoman kaikkivaltiutensa tähden; kuitenkin niin, että myös silloin kun kysytään yhdestä kerrallaan heistä, vastataan hänen olevan sekä Jumala että kaikkivaltias; silloin taas kun kysytään yhtä aikaa heistä kaikista, vastataan, ettei ole kolmea Jumalaa tai kolmea kaikkivaltiasta, vaan yksi kaikkivaltias Jumala. Tällainen on Jumalassa, kolmessa persoonassaan, erottamaton ykseys, minkä hän on tahtonut näin tulla julistetuksi.

Mutta voidaanko hyvän Isän ja hyvän Pojan Pyhä Henki – koska hän on yhteinen molemmille – sanoa suoraa päätä olevan kummankin *hyvyys*, tästä ei mieleni tee liiallisesti kiiruhtaa esittä-mään mielipidettäni. Mutta kuitenkin olen ollut helpommin halukas sanomaan kummankin Hengen *pyhyydeksi*, en kummankin Henkeä *kuin* laatuna, vaan Pyhän Hengen kullekin kuulu-vana *olemuksena* ja Kolminaisuudessa *kolmantena persoonana*.[116]

Tähän minut hyväksyttävämmästi johti se, että koska sekä Isä on Henki että Poika on Henki,[117] kuitenkin ominaisesti juuri Pyhää Henkeä nimitetään Pyhäksi Hengeksi kuin olemuksellisena pyhyytenä ja samaa olemusta olevana molemmille toisille.

Mutta jollei jumalallinen *hyvyys* ole mitään muuta kuin *pyhyyttä*,[118] todella järjen ymmärrystä-kin se on, ei olettamuksen uskallusta, että Jumalan töissä salaisesti tietty ilmaisun tapa, joka harjoittaa tarkkaavaisuuttamme, **antaa samalla meille ymmärtää suosioommme Kolminaisuu-den: kuka teki, minkä kautta hän teki, mitä tarkoitusta varten hän teki itse kunkin luon-tokappaleen.** Niinpä Sanan Isäksi ymmärretään hän, joka sanoi, jotta tapahtuisi. Mutta se, mitä tapahtui hänen sanoessaan, kaukana epäilyksestä, tapahtui Sanan kautta. Siinä taasen, kun sa-notaan: *"Jumala näki, että se on hyvä"*, osoitetaan riittävästi, ettei Jumala minkään välttämät-

---

[116] Nämä lauseet ensi lukemiselta näyttävät herättävän kysymyksiä. Kun Augustinus edellä ja kaikkialla pontevasti opettaa, että Jumalan olemuksessa – päin vastoin kuin ihmisellä – Jumalan olemuksen yksinkertaisuus merkitsee sitä, että kaikki olemuksen laadut (hyvyys, kaikkivaltiaisuus jne.) ovat sama kuin itse olemus, minkä johdosta Jumalan hyvyydessä ei voi tapahtua muutosta, ja niinpä *Jumalan olemuksessa ei ole muutosta tai vaihteen varjoa*, kuinka hän sitten tässä tekisi spekulaatiota ikään kuin erottamalla Jumalan olemuksen ja sen laadun, Pyhän Hengen olemuksen ja hyvyyden, hajottaen Jumalan olemuksen yksinkertaisuuden. Tosin Augustinus sanookin tässä, ettei pidä tarkastella Pyhää Henkeä *kuin* laatuna; hän ei siis itse asiassa tarkastele olemusta laatuna. Niinpä Augustinus itse asiassa näin tarkoittanee vastustaa juuri tuota yksinkertaisen olemuksen hajottamista. Hän kun hetken päästä yhdistää olemuksellisen pyhyyden ja hyvyyden, ja näyttää tähtäävänkin juuri tähän. – Kristus sanoo absoluuttisesti omistavansa kaiken sen, mitä Isällä ja Pyhällä Hengellä on (Joh. 16:13–15; 10:30 etc.). – Lat.: **Utrum autem boni patris et boni filii spiritus sanctus, quia communis ambobus est, recte bonitas dici possit amborum, non audeo temereriam praecipitare senntentiam; verumtamen ambobus eum dicere sancitatem facilius ausus fuero, non amborum quasi qualitatem, sed ipsum quoque substanttiam et tertiam in trinitate personam.**

[117] Vrt. Joh. 3:6, *Mikä Hengestä on syntynyt, on Henki*. Kts. myös Joh. 5:21; 1 Piet. 3:18; Room. 9:5 etc.

[118] Vrt. Matt. 19:17.

tömyyden tähden, eikä minkään hyötymisestään johtuvan minkään tarpeen tähden, vaan pelkästään hyvyytensä tähden teki sen, minkä hän loi, se on: koska *se oli hyvä*. Tämä hyvyys niin ollen sanotaan luomisen jälkeen, niin että luodut asiat olivat yhdenmukaisia hyvyyden kanssa, jonka tähden ne luotiin, mikä [näin] osoitetaan.

Tämä hyvyys, jos oikein ymmärretään *Pyhäksi Hengeksi,* koko kolminaisuus tehdään meille sisäiseksi asiaksi hänen töissään.

Tästä on peräisin *pyhien yhteisölle, joka on* pyhissä enkeleissään *ylhäällä,*[119] sen alkuperä ja muodostus ja autuus. Sillä jos kysytään, mistä tämä yhteisö on, vastataan: Jumala loi sen; jos kysytään, mistä on peräisin sen viisaus: Jumala valaisee sen; jos, mistä on sen onnellisuus: se nauttii Jumalasta. Puoliansa pitäen se muodostetaan uudeksi; tutkiskellen se valaistaan; kiinni riippuen [Jumalan sanassa] se tehdään ilahduttavaksi. Se on olemassa, se näkee, se rakastaa, iankaikkisuudessa se kukoistaa, Jumalan totuudessa se valaisee, Jumalan hyvyydessä se iloitsee.

---

[119] Vrt. Gal. 4:26.

Mihin kolmeen alueeseen filosofia klassisesti jakaantuu, ja mihinkä seikkoihin tämä jako perustuu. Ihmisen syntyperäinen laatu, opillinen sivistys ja käytännön kokemus tavoitteiden osatekijöinä. Mitä asioita on käytettävä asiallisesti hyväksemme ja mistä terveellisesti nautittava. Mihin viisaus ja rakkaus perustuvat.

XI,25

Sen verran kuin annetaan ymmärtää, filosofit ovat halunneet sanotun johdosta [=mistä on peräisin luonnonlaadut, viisaus ja onni] viisaustieteen opetuksen kolmiosaiseksi. Vieläpä he ovat kyenneet kiinnittämän huomionsa siihen, että se on kolmiosainen, nimittäin, he itse eivät ole päättäneet, että se niin on, vaan mieluummin havainneet näin olevan. Viisaustieteen yhtä osaa on nimitetty *fysiikaksi*, toista *logiikaksi*, kolmatta *etiikaksi*.

Näitä latinankielisiä nimityksiä jo monien kirjallisuus on toistanut, niin että niitä kutsuttiin *luontoa, laskentoa* ja *moraalia* koskeviksi.[120] Näistä filosofioista tein kahdeksannessakin kirjassani lyhyen yhteenvedon. En tehnyt tätä yhteenvetoa, jotta siitä olisi johtopäätöksenä, että filosofit näissä kolmessa viisaustieteen alueessa olisivat ajatelleet jotakin yhdenmukaisesti Jumalan kanssa hänen kolminaisuudestaan, vaikkakin sanotaan, että Platon olisi saanut tietää tuosta jaottelumäärityksestä ja suositellut sitä ensimmäiseksi.[121] Platon ei nähnyt muun kuin Jumalan kaiken luonnon aikaansaajana ja älyn antajana sekä innoittajana siihen rakkauteen, jonka mukaisesti hyvin ja autuaasti eletään. Mutta ainakin, koska eri ihmiset erilaisia mielipiteitään omaavat asioiden luonnosta ja tutkittavan totuuden laskelmasta sekä siitä hyvän korkeimmasta asteesta, jota kohti olemme velvolliset suuntaamaan kaiken toimintamme,[122] niin kuitenkin näissä kolmessa suuressa ja yleisessä kysymyksessä heidän kaikki mielenkiintonsa liikuskelee.

Niinpä kun heistä itse kukin jotakin tavoittelee, on käsillä monenlainen ristiriitaisuus: kukaan ei epäröi, että olisi olemassa jokin luonnonlain peruste, tieteen kuvio tai elämisen ylin aste.

On myös olemassa kolme sellaista asiaa, jotka itse kunkin ihmisen suhteen otetaan huomioon ihmisen ollessa niissä asioissa taitajana, niin että ne seikat saavat jotakin aikaan: *syntyperäinen laatu, opillinen sivistys ja käytännön kokemus.* Synnynnäisestä laadusta tehdään erotus järkevyyden perusteella, opillisesta sivistyksestä osaamisen perusteella ja käytännön kokemuksesta hedelmänsä perusteella.

Enkä ole tietämätön siitä, että tunnusomaisesti hedelmä on nauttimisen asia ja käytännön kokemus taidon käytäntöön soveltamisen asia. Ja tässä näyttää olevan tähdellistä, että sanomme *nauttivamme* sellaisesta asiasta, jollainen ei itsessään viehätä meitä suuntautumaan johonkin toisaalle [vaan juuri itseensä]; sitä vastoin *käyttävämme hyödyksemme* sellaista asiaa, jota tavoittelemme toisen asian vuoksi.

Tästä seuraa, että ajallisia asioita on mieluummin käytettävä [asianmukaisesti] hyväksemme, kuin nautittava niistä, jotta ansaitsisimme nauttia iankaikkisista.

---

[120] Lat. ut naturalis, rationalis moralisque vocarentur.

[121] Vrt. VIII,4. Ja vrt. **Augustinus, Kristillinen Opetus**, 2.28.43, ind. 2. Kreikkalaiset filosofit ja muut antiikin viisaat olivat tietoisia Israelin profeettojen kirjoituksista, kuten nykyään Raamatun teksteistä muiden uskontojen edustajat.

[122] Vrt. **Augustinus, Kristillinen Opetus**, 1.2.21, s. 17.

Ei [pidä tehdä] niin kuin nurinkuriset, jotka tahtovat nauttia rahasta, mutta käyttää hyväkseen Jumalaa [nauttiakseen rahasta]. Sillä he eivät uhraa rahaa Jumalan [totuuden] tähden, vaan viljelevät/palvovat Jumalaa rahan tähden. Mutta kuitenkin he viljelevät Jumalaa sellaisella ilmaisun tavalla sanottuna, mikä käy enemmän palvontana tavan vuoksi; ja käytämme [väärin] hyväksemme hedelmiä ja nautimme hyväksikäyttämisistä. Sillä hedelmäthän jo tunnusomaisesti sanotaan kuuluviksi viljelyyn pelloissa, joita joka tapauksessa käytämme hyväksemme ajallisessa elämässämme [nauttiaksemme hedelmistä].

Tällä ilmaisun tavalla sanoin noista kolmesta alueesta, joita ihmisen suhteen kehotin tarkkailtaviksi, ja jotka ovat: *synnynnäinen laatu, opillinen sivistys* ja *käytännön kokemus*. Näistä kolmesta peräisin on, autuaan elämän hoitamisen tähden, kuten mainitsin, filosofien kolmialaiseksi havaitsemana viisaustieteiden koulutus: *fysiikka luonnon järjestyksen tähden, logiikka opettamisen tähden, moraali tavaroiden käyttämien / kanssakäymisen tähden*.

Niinpä siis, jos luonnonlaatumme olisi peräisin meistä itsestämme, todellakin olisimme synnyttäneet viisautemmekin, emmekä huolehtisi käskeä viisauteen opettamisen avulla, se on: oppimalla sitä jostakin muualta. Rakkautemmekin suhteen, jos se olisi itsemme aikaansaamaa, ja meille palautettuna, ja jos se riittäisi autuaaseen elämään, emme myöskään olisi puutteessa tarvita [rakkaudellemme Jumalan totuuden hedelmän ohella] mitään toista hyvyyttä, josta nautisimme.

Nyt sitä vastoin, koska luonnollamme on – kuten se oli – Jumala aikaansaajanaan, kaukana epäilyksestä on, että ymmärtääksemme viisaasti totuudet, meidän tarvitsee saada juuri Hänet Opettajaksemme, hänet itsensä myös ihanuuden sydämellisimpänä lahjoittajana ollaksemme autuaita.

Jumalan kuva ihmisessä (vrt. Gen. 1:27). Akateemikkojen skeptisyydestä. Kuinka varmaa on autuutemme verrattuna olemassaoloomme.

XI,26

Ja me tosin tunnemme Jumalan kuvan itsessämme, se on: ylimmän Kolminaisuuden kuvan, vaikkakaan emme samanlaisena, vaan päinvastoin valtavasti ja pitkälti erilaisena, emmekä yhtä iankaikkisena, ja – tätä lyhyemmin kaikki sanotaan –: emme tunne saman substanssin (olemuksen) kuvaa, jonka olemus on Jumala. Kuitenkaan tätä itsessämme olevaa *olemusta* lähempänä Jumalaa ei ole olemassa mitään luontoa Jumalan luomissa asioissa sellaisena Jumalan kuvana, joka pitää yhä uudistamalla valmistaa päätökseensä, jotta se kuva olemuksensakin/sydämensäkin samankaltaisuudessa olisi lähinnä Jumalaa.[123]

Näet, me sekä olemme olemassa että tiedämme olevamme olemassa. Se on: rakastamme sekä olemassaoloamme että tietämistämme.[124] Edelleen, tässä kolmessa asiassa, mitkä mainitsin, mikään valheellisuus ei häiritse meitä totuuden kaltaisuutena.

Emme näet kosketele millään ruumiimme aistilla näitä kolmea asiaa, kuten ulkopuolellamme olevia asioita tulemme tuntemaan, kuten värejä näkemällä, säveliä kuulemalla, hajuja haistamalla, makuja maistamalla, kovuutta ja pehmeyttä koskettamalla. Näiden aistittavien asioiden unelmia, ja niille sangen samankaltaisten aistittavien sellaisia mielikuviakin, jotka eivät enää ole aineellisia, mietiskelemme kaikilla mahdollisilla tavoilla, pidämme niitä muistissamme ja niiden kautta niitä kaipaillessamme kiihotumme. Mutta ilman minkään mieleen johtumien tai mielteittemme petkuttavia mielikuvituksia olemassaolemiseni ja siitä tietoisena olemiseni sekä olemassaoloni rakastamiseni ovat minulle mitä varmin asia.

Minkään näiden totuuksien suhteen en kauhistu akateemikkojen todisteluperusteita heidän sanoessaan: "Entäpä jos petyt?"[125] – Jos näet petyn, silloinkin olen olemassa. Sillä se, joka ei

---

[123] Vrt. Gen. 1:27. **Olli, Kirkkoisä Augustinuksen syntikäsitys Confessiones-teoksessa**, 3.2., Kristus turmeltumaton Jumalan kuva, ss. 53–57. Vrt. Hebr. 1:3. Alkutilassaan ihminen oli Augustinuksen mukaan Jumalan kuva a) vanhurskautensa puolesta ja b) sielunsa puolesta.

[124] Vrt. Isä on olemassa (2 Moos. 3:14), Poika valistaa ja ilmoittaa tiedon (Joh. 1:9), Pyhä Henki rakastaa (2 Tim. 1:7; 1 Joh. 4:8 etc.)

[125] Akateemikot opettivat skeptismiä myös saadakseen kilpailijansa epäröimään kantansa ja voidakseen itse opettaa platonista totuutta niille, jotka katsoivat siihen mahdollisiksi. **Augustinus, Kristillinen Opetus** s.145, ind. 1; s. 66, ind. 1. – Platonisuus ja akatemiat kehittyivät kreikan filosofioissa Raamatun historiaan verraten seuraavasti: Pythagoras eli n. 580–500 eKr. eli Juudan kansan pakkosiirtolaisuuden ja osittaisen paluun aikana. Heidän käskynhaltija Serubbaabel johti 50.000 juutalaisen paluun ja temppelin perusta laskettiin v. 537. (**Iso Raamatun Tietosanakirja**, 3, 7117; **Saarisalo, Raamatun sanakirja**). Jeremia vietiin Egyptiin 586. Viimeinen kirjaprofeetta, Malakia, toimi 400-luvun alkupuolella Nehemian aikalaisena. Vanhan Testamentin oleelliset osat olivat olleet olemassa jo toisella vuosituhannella ennen Kristusta. Koko Vanha Testamentti, käännettiin kreikaksi n. 250 eKr. (Septuaginta, Ptolemaios Filadelfoksen hallitessa 285-246 eKr.), myös Augustinuksen mukaan.

Platon (427–347) oltuaan kahdeksan vuotta Sokrateen oppilaana ja tämän kuoltua 399 ja eräitä matkoja Kyreneen ja Egyptiin tehtyään matkusti 390 Italiaan, jossa tutustui pythagoralaisuuteen. Hänen huomattavin oppilaansa oli Aristoteles. Tämä puolestaan perusti peripateetikkojen luonnontieteitä harrastavan koulukunnan, joka sittemmin sulautui uusplatonismiin. Uusplatonismi on n. 200 jKr. Aleksandriassa syntynyt viimeinen huomattava kreikkalainen filosofinen koulukunta. Se kehitti edelleen Platonin filosofiaa, mutta otti aineksia myös Aristoteleelta, stoalaisuudesta ja itämaisista uskonnoista. Todellisuuden ylin perusta on ääretön ja käsittämätön alkuykseys (enos), joka mm. säteilee kaiken muun läpi ja joka ei ole persoonallinen olento. – Itse platonismissa voidaan erottaa jopa

ole olemassa, ei missään tapauksessa voi pettyä. Ja tällä perusteella olen olemassa, jos petyn. Koska siis olen olemassa, jos petyn, millä tavoin olemassa olemiseni minut pettää, koskapa varmaa on, että olen olemassa, jos petyn? Koska siis olen olemassa minä, joka petyn, myös silloin, jos pettyisin, kaukana epäilemisestä on se, että tietäessäni olevani olemassa en petä itseäni. Mutta johtopäätös on, että silloinkin, kun tiedän tietäväni, en pety. Niin kuin näet tiedän olevani olemassa, siten tiedän itse tietämisenikin, sen, että tiedän.[126]

Ja silloin kun rakastan näitä kahta asiaa, samalla myös liitän jonkin rakkauteni kolmantena, saman arvostelun mukaisena noille tuntemilleni asioille. Ja enhän pety, että rakastan itseäni, silloin kuin niissä asioissa, joita rakastan, en petä itseäni. Vaikkakin ne asiat olisivat valheellisia, totta on se, että rakastan valheita. Näet, millä tavalla minut oikein otetaan kiinni ja estetään valheita rakastamasta, jos olisi valetta, että rakastan valheita? Mutta kun sitä vastoin ovat tosia ja varmoja nekin asiat, joita rakastetaan, kuka epäilisi, että tosi ja varma on itse niitä rakastavien rakkauskin, silloin kun he niitä rakastavat?

Edelleen, niin paljon kuin kukaan ei ole sellainen, ettei tahdo olla olemassa, siinä määrin ei kukaan ole sellainenkaan, ettei tahdo olla autuas. Millä tavalla hän näet voisi olla autuas, jollei hän ole mitään.[127]

---

viisi koulukuntaa sen mukaan, kuinka mahdollisena tai varmana kukin koulukunta piti totuuden löytämistä. Tavallisin jako on kolmeen: vanha-, keski- ja uusiakatemia, joista kaksi viimeistä voidaan edelleen puolittaa.

Vanha akatemia alkoi Platonista v. 387. Sitä jatkoi Arkesilaos (315–241), keskimmäisen akatemian perustaja, joka toi siihen skeptisen piirteen. Hänestä jo muuan stoalainen on sanonut: "Hän on Platon edestä, Pyrrhon takaa ja Diodorus keskeltä." Näin alkoi syntyä "uuden koulun" miehiä. Kolmannen akatemian perustaja, Karneades, (214–129) kehitti opin täydeksi skeptisismiksi. Hän piti varman tiedon saantia mahdottomana ja loi opin todennäköisyyksistä ja sen eri asteista. Viidennen koulun perustaja oli Antiochus, v. 83 eKr., joka yhdisti platoniseen skeptisismiin Aristoteleen ja stoalaisen Zenonin oppeja, valmisti siten tietä uusplatoniselle opille. Mainittu Pyrrhon (365–275) puolestaan oli ensimmäisen skeptisen koulukunnan perustaja. Hänen mukaansa jokaisesta väitteestä voidaan esittää yhtä painavat perustelut, jonka vuoksi tulee välttää arvosteluja. Viisas pitää kaikkea samantekevänä (adiafora). Hän osoittaa siten järkkymättömyyttä elämän hyörinän keskellä.

Augustinuksen oma varhaisin tuottoisa kirjallinen kausi muodostuu hänen v. 386 tapahtuneen kääntymyksensä jälkeisestä ajasta, jolloin hän etupäässä v. 389 mennessä kirjoitti filosofisiksi teoksiksi nimetyt kirjansa. Niissä (mm. Contra academicos) hän vastustaa uuden akatemian skeptisyyttä ja välinpitämättyyttä. Augustinuksen mukaan sielun voima perustuu juuri siihen, että se on löytänyt totuuden. Totuus on löydettävissä ja omistettavissa ja siinä voidaan lujittua. Kuitenkaan totuuden ylin kriteeri ei ole järki, koska orjuutetussa tilassaan maailmalliset asiat ja niistä nauttimisen halu sumentaa, vaihtelee ja sanelee sen totuudet. Totuuden ylin kriteeri on Jumalan sanan muuttumaton totuus, joka ytimessään on Jumalan käskyjen mukainen muuttumaton rakkauden vaatimus, joka toteutetaan armosta. Uusplatonismin ja kristillisyyden eroa Augustinus erittelee esim. **Conf.** VII,21 ja VII,9. – Augustinus siis käsittelee platonismia tässä teoksessa, kuten edellisessä luvussa huomautettiin, kahdeksannessakin kirjassa, ja monesti muulloinkin; Rooman pakanallista kulttia ja uskomuksia laajasti puolestaan kirjoissa 1-10.

[126] Vrt. **Augustinus, Herramme Vuorisaarna**, 2.13.46, s. 127., jossa on Matt. 6:23:n ja Ef. 5:13 selitys (= kaikki, mikä tulee tietoomme, on *valkeutta*).

[127] Augustinus sanoo: "Siinä määrin kuin olemme hyviä, olemme olemassa." Jumala näet on olemassa ja on hyvä. Me puolestamme olemme hyviä, kun rakastamme uskossa Jumalan totuutta. Augustinus käsittelee temaattisesti eri asioiden rakastamista **Kristillinen Opetus,** ss. 1.32.35–1.40.44, ss. 25–32. – Tämän luvun Augustinuksen opetusta lainaten Descartes sanoi kuuluisaksi tulleen lauseen: "Cogito, ergo sum, Ajattelen, olen siis olemassa". Samoin muuankin tyttö huokaisi: "Rakastan, olen siis olemassa."

Olemassaolostamme ja tietämisestämme, sekä kummankin näiden rakastamisestamme.

XI,27

Sillä tavalla, edelleen, itse olemassaolomme on miellyttävää tietyn luonnollisen kykymme johdosta, ettei olemassaolomme tahdo joutua perikatoon toisen asian tähden, ja onnettomat eivät tahdo tuhoutua. Ja silloin kun nämä kokevat olevansa kurjia, he eivät tahdo poistaa juuri itseään asioistaan, vaan mieluummin poistaa kurjuutensa.

Niidenkin ihmisten tapauksissa, joissa he näyttäytyvät heille itselleenkin erittäin kurjiksi, ja selkeästi sellaisia ovat, eivät pelkästään viisaiden ihmisten mielestä, koskapa nämä ovat tyhmiä ihmisiä, vaan myös itseään autuaina pitävät ihmiset arvostelevat heidät kurjiksi, koska he ovat köyhiä ja valehtelevia. Jos joku tällaisten hyväksi soisi kuolemattomuuden, joka [tosin] ei ehkäisisi heiltä pois itse kurjuutta sellaisella heille annetun odotuksen eli uhan ohella, että jolleivat he ikuisesti tahdo olla samassa kurjuudessaan, ei kenenkään hyväksi eikä missään tilassa olisi vastedes eläväisinä olemista, vaan he olisivat kaikin tavoin tuhoutuvia. Todellakin riemuittaisiin ilosta, ja näin aina tehtäisiin valinta siten, että mieluummin oltaisiin olemassa kuin lainkaan ilman olemassaolemista. Tämän asian todisteena on heidän varsin hyvin tunnettu mielipiteensä.[128]

Mistä syystä he näet pelkäävät kuolla ja mieluummin tahtovat elää tuossa murheessaan kuin päättää sen kuolemalla, paitsi siksi, että riittävästi käy ilmi, miten luonto väistää olemassaolonsa lakkaamista? Ja niinpä koska he tietävät olevansa kuolevaisia, he kaipaavat lunastaa hyväksensä suurella hyväntekemisellään tuota laupeutta, jotta melkoista pidemmäksi eläisivät samassa kurjuudessaan, ja kuolisivat hitaammin. Niinpä kaukana epäilystä on, että he osoittavat, kuinka suurin kiitosjuhlin he ottaisivatkaan kuolemattomuuden, kumminkin sellaisen, jolla ei ole kurjuus määränään. – Miksi?

Eivätkö järjettömät eläimetkin, äärettömän suurista lohikäärmeistä mitättömiin matosiin asti, joille ei ole annettu tuollaisten asioiden mietiskelemistä, osoita tahtovansa olla olemassa, ja tästä syystä pakenevansa tuhoaan kaikilla sellaisilla liikkeillä, joilla vain voivat? – Miksi? Eivätkö puistutukset ja kaikki vesakotkin, joilla ei ole mitään käsityskykyä välttääkseen ilmiselvillä liikkeillään tuhonsa, lähetä silmunsa kärjen varjeltuna kohti tuulen virettä, ja ne kiinnittävät maahan toisen, juuren idun, jolla ne imevät ravinteensa, ja näin ne tietyllä tavalla varjelevat olemassaolonsa?

Vihdoin, vieläpä sellaiset ruumiilliset oliot, joilla ei ainoastaan ole mitään tajua, vaan ei edes mitään puolittaista elämääkään [=ituakaan], kuitenkin joko ponnahtavat ylhäällä oleviin asioihin tai laskeutuvat alhaalla oleviin tai pitäytyvät tasapainoon keskivälillä olevissa asioissa siten, että varjelevat sellaisen olemassaolonsa, joka on yhdenmukainen niiden luonnon kanssa ja joka on olemassaololleen mahdollinen.

Nyt edelleen voidaan ymmärtää, kuinka paljon ihmisluontoa rakastetaan ja kuinka ihmisluonto ei tahdo joutua harhaan; tai tästä [elämisen säilyttämisen pyrkimyksestä] voidaan ymmärtää,

---

[128] Itsemurhaa aikovat mahdollisesti ovat sen erheen vaikutuksessa, että kuolemansa lopettaa heidän olemassaolonsa, jolloin kurjuuskin päättyy – mikäli he yleensä kykenevät tilassaan johdonmukaiseen ajatteluun. Kristillisen käsityksen mukaan kuitenkaan mikään luonnollinen kuolema ei merkitse sielun kuolemaa, vaan sielun eroa ruumiista ja siirtymistä ajasta iankaikkisuuteen. Siten itsemurhan tehnyt kurja joutuu entistä suurempaan kurjuuteen, elämään ilman ruumista ja ilman aikaa parannukseen, koskapa on poistunut sekä ruumiista että ajasta.

että itse kukin mieluummin tahtoo vaikeroida mielen ollessa terve kuin iloita järjettömyydessä [joka elämän tuhoaa].

Mitään tällaista järjen suurta ja ihmeellistä kykyä, lukuun ottamatta elävää ihmistä, ei muilla kuolevaisilla ole, olkoon että niistä eräillä on luonnollisen valon tarkkaamiseen enemmän kuin meillä terävä silmiensä aisti; mutta ne eivät ole kyenneet saavuttamaan tuota aineetonta valoa, joka tietyllä tavallaan luo säteitään järkeemme, niin että kykenemme arvostelemaan oikein näitä kaikkia asioita. Näet, niin paljon kuin tätä aineetonta valoa saavutamme, niin paljon oikein arvostelemiseen kykenemme.

Mutta kuitenkin järjettömien eläinten mielessä on, vaikkakaan ei tiedettä millään lailla, kuitenkin varmasti tietty tieteen kaltaisuus. Mutta muita ruumiillisia asioita nimitetään tajuamiseen pystyviksi (sensibilia), ei sen vuoksi, että ne [tosin] ymmärtävät aistiensa kautta (quia sentiunt), vaan siksi, että niitä ymmärretään [yhteisten] aistimusten perusteella (sed quia sentiuntur). Eläinten aisteille tämä asia [=tajuaminen] on samankaltainen kuin puuistutuksille siinä, että niitä molempia kehitetään ja ne synnyttävät jälkeläisiä. Mutta kuitenkin nämä puuistutuksetkin ja kaikki aineelliset asiat omaavat olemassaolonsa perusteet kätkettyinä luontoonsa. Ja todellakin ne tarjoavat hahmonsa aisteillemme ymmärrettäviksi, minkä tähden tämän maailman näkyvä rakenne on ihanannäköinen, niin että sen asemesta, että ne eivät kykene tietämään, ne näyttävät ikään kuin tahtovan tulla tiedetyiksi.

Mutta me omaksumme ne (tunnettavat asiat) ruumiimme havaintokyvyllä niin, että emme arvostele niitä tällä ruumiin havaintokyvyllä. Meillä näet on toinen, sisäisen ihmisen ymmärryskyky, tuota ulkoista aistiamme paljon etevämpi, jolla tajuamme oikeat ja väärät asiat; oikeat asiat ymmärrettävän ilmauksensa (speciem) kautta, väärät asiat oikean asian ilmauksen puuttumisen kautta. Tämän kyvyn virkaan ei astu silmäterän terävyys, ei korvan kuuloaukko, ei sierainten hengenvedot, ei suitten maut, ei mikään ruumiillinen kosketus. Tässä kyvyssä varmaa on sekä se, että minä olen, että se, että minä tiedän tämän, ja että minä rakastan näitä kumpaakin, ja että tämä rakastamiseni on samalla tavalla varma.

Pitäisikö meidän rakastaa itse sitä rakkautta, jolla rakastamme olemassaoloamme ja tietämistämme, jouduttaaksemme sillä rakkaudella enemmän lähestymistämme Kolminaisuuteen.

XI,28

Mutta noista kahdesta asiasta, nimittäin olemuksestamme ja tiedostamme, siinä määrin kuin niitä rakastetaan persoonissamme, ja millä tavalla tätä rakastamista löydetään sellaisista alapuolellamme olevista muista luomakunnan jäsenistä, joissa vaikka se on erilainen, kuitenkin sillä on tietty kaltaisuus, olen jo riittävästi puhunut, siinä määrin kuin näytti vaativan tehtäväkseni ottamani tämän työn harkinta. Mutta siitä rakkaudesta, jolla näiden asioiden rakastamista rakastetaan: rakastetaanko itse tätä rakkautta [vai ei], ei vielä ole sanottu. Rakastetaan sitä kuitenkin.

Tämän hyväksymme siitä, että niissä ihmisissä, joita rakastetaan hyvällä syyllä muita ihmisiä enemmän, tämä rakkaus toteutuu enemmän kuin muiden keskuudessa. Eihän hyvällä syyllä sanota hyväksi mieheksi sellaista, joka tietää sen, mikä hyvää on, vaan sellaista, joka rakastaa sitä hyvää. Miksi niin ollen emme huomaa meissä itsessämmekin rakastavamme juuri sitä rakkautta, jolla rakastamme mitä tahansa sellaista, mikä on hyvää? On näet olemassa sellaistakin rakkautta, jolla rakastetaan sitäkin, mitä ei pidä rakastaa. Ja sitä rakkautta vihaa itsessään sellainen, joka rakastaa sitä rakkautta, jolla rakastetaan sellaista, mitä on rakastettava. Voivat nämä molemmat näet olla yhdessä ihmisessä. Ja tämä asia on hyväksi ihmiselle, että sen rakkauden edistymisellä, jossa elämme hyvin, se rakkaus raukeaa, jossa huonosti elämme, kunnes parannetaan ja muutetaan hyväksi kaikki se, mitä elämme.

Jos näet olisimme karjaa, rakastaisimme *lihallista*[129] elämää (carnalem vitam) ja sellaista, mikä on yhdenmukaista ruumiillisen aistimuksen kanssa. Ja se olisi riittävä hyvämme emmekä vaatisi mitään muuta, kun se tämän mukaisesti meillä olisi onnellisesti. Samoin jos olisimme puukasveja, mitäänhän emme voisi rakastaa aistivalla henkisellä toiminnalla, vaikkakin näyttäisimme ikään kuin sellaista rakkautta tavoittelevan, minkä johdosta olisimme [vain] tuottoisampia ja runsaammin hedelmällisiä. Ja jos olisimme kiviä tai veden laineita tai tuulta tai tulen liekki tai jotakin tällaista ilman mitään aistia ja elämää, emme kuitenkaan olisi niin kuin meiltä puuttuisi tietty järjestyksemme ja asemamme tavoittelu. Sillä niin kuin ruumiimme halut ovat ruumiin painon liikkeelle panevia voimia, nämäkin asiat tunkevat joko painollaan alaspäin tai keveydellään ylöspäin. Siten näet kuljetetaan minne tahansa ruumista painonsa perusteella [ylös kevyenä tai alas painavana] kuin sielua rakkautensa perusteella [ylös- tai alaspäin].

Koskapa nyt siis olemme ihmisinä luodut Luojamme kuvaksi, hänen, joka on totuudellinen iankaikkisuus, iankaikkinen totuus, iankaikkinen ja todellinen rakkaus; ja hän itse on iankaikkinen ja tosi ja armas Kolminaisuus. Eikä hän ole sekava (confusa). Eikä hän ole erotettu noista asioista, jotka ovat alapuolellamme, koska ne itsekään eivät muutoin olisi olemassa jossakin muodossa.[130] Eivätkä ne käsittäisi jotakin muotoa, eivätkä ne pyrkisi johonkin järjestykseen ja sitä

---

[129] Vrt. 1 Joh. 2:15–17, ja Raamatun sanakirjojen termit *liha* ja *lihallinen*, esim. Gal. 5:19 s., Gal. 6:8 s. etc. Katso myös **Lutherin antologiasta, "En minä kuole, vaan elän"**, kohta *liha.*

[130] Augustinuksen toista pääteosta, Confessiones, tutkiessani totesin tästä asiasta käsitellessäni Augustinuksen suhdetta Aristoteles´een (Kirkkoisä A:n syntikäsitys Confessiones-teoksessa, s. 46): "Augustinus torjuu Confessiones-teoksessaan myös aristotelismissa olevan harhan Jumalan muuttumattomuusajatuksella: sikäli kuin jokin Jumalan ominaisuus joutuu muutokseen, kyseessä on harha. Tätä periaatetta täydentää toinen, sekä Jumalan ominaisuuksien erottamattomuutta painottava näkemys[a] että Luojan ja luomakunnan erottamattomuutta korostava piirre,[b] niin että kaikki elämä ja hyvyydet nähdään olevan peräisin Jumalasta. Jumala on perusta ja "**suoni**", ylläpitäjä,

pysyttäisi, muutoin kuin vain hänen tekoinaan, hänen, joka ylimmäisesti on olemassa, joka ylimmäisesti viisas on, joka ylimmäisesti hyvä on; jotta ikään kuin kokoaisimme kiirehtien yhteen kaiken sen, mitä hän on tehnyt ihmeellisellä lujuudella tavallaan hänen jälkinään; informaationsa/jälkensä tekoihinsa painettuina, toisaalla enemmän selvästi, toisaalla vähemmän selvästi.

Mutta meihin itseemmekin Hän painoi kuvansa, jota tarkastellen menkäämme omaan itseemme. Ja kääntyneinä *nouskaamme ja menkäämme ja palatkaamme* Hänen tykönsä, josta olimme luopuneet syntiä tehden, kuten Evankeliumin isän nuorempi poika.[131] Siellä olemassaolollemme ei ole koittava kuolemaa, siellä tietämisellämme ei ole oleva erehdystä, siellä rakkautemme ei ole omaava pahennusta.

Mutta nyt kuinka hyvänsä varmoina pidämmekin otteessamme nämä kolme asiaa, emmekä luota muihin todisteisiin, mutta kuitenkin tuntekaamme itse itsemme nykyhetkessä ja seulokaamme totuus sisäisellä todellisella näkövoimalla. Kuitenkin niin kauan kuin tulevaiset asiat toivon mukaan ovat saapuneet meille käsille – tai ovatko ne milloinkaan saapumatta [vai käykö toisin], ja tuohon huonoon tilaan tullaan, jos asioita huonosti ajetaan, mutta toiseen, jos hyvin – koska oman itsemme kautta emme voi tätä tietää, koetamme sen vuoksi tästä osastamme joko saada muita todisteita tai meillä niitä muita jo on.[132] Miksi näiden muiden todistuksien uskomisesta ei tarvitse olla mitään epävarmuutta, siitä ei ole nyt tarkemman käsittelyn paikka, vaan tuonnempana.

Mutta tässä kirjassani Jumalan valtiosta –, joka valtakunta ei vaella tämän elämän kuolemanalaisuudessa, vaan kuolemattomuus on aina taivaassa, se on: kuolemattomuus on Jumalassa riippuvista pyhistä enkeleistään alkaen, heistä, jotka milloinkaan eivät olleet eivätkä ole pettureita –; näiden ja niiden kesken, jotka iankaikkisen valkeuden hyljänneinä on tehty synkeydeksi, olemme jo sanoneet Jumalan aluksi tehneen erotuksen; hänen auttaessaan siihen, että sen, minkä aloitimme, voisimme selittää.

---

parantaja, tuomari, hallitsija ja päämäärä.[c] – Tämän alaviitteen argumentit ovat alaviitteessä a: Confessiones XIII,16; I, 5; **VII,4.** Alaviitteen alaviite b: Confessiones I,2,6; VII,3; XII,11. Alaviitteen alaviite c: Confessiones I,6:10, jossa sanotaan: "Aut ulla **vena** trahitur aliunde, qua esse et vivere currat in nos, praeterquam quod tu facis nos, domine, cui esse et vivere non aliud atque aliud, quia summe esse ac vivere id ipsum est." "Vai onko jostakin mitään muuta **suonta**, josta oleminen ja eläminen virtaavat meihin, paitsi tämä, että sinä Herra *olet luonut meidät,* jolle oleminen ja eläminen eivät ole kaksi eri asiaa, koska sinä olet itse korkeimmassa määrin eläminen ja oleminen." [Tai näinkin: "Vai onko jostakin mitään muuta suonta, josta oleminen ja eläminen virtaavat meihin, paitsi se, että *sinä valmistat meitä,* Herra, jolle oleminen ja eläminen eivät ole kaksi eri asiaa, koska juuri se, eläminen ja oleminen, on korkeimmassa määrin hän itse." Näet, facit-verbi on tehdä-verbin indikatiivin preesens, jota tässä ei tarvitse tulkita pelkästään kerran tapahtuneen luomisen toteamiseksi, vaan myös sellaiseksi luomiseksi, tekemiseksi, rakentamiseksi ja vaikuttamiseksi, jota Jumala tekee jatkuvasti nykyajassa antaessaan olemisen ja elämisen virrata meihin.] Vastaavasti Jumalassa ovat erottamattomia hänen valtansa, tahtonsa, tietämisensä, oikeudenmukaisuutensa ja muut hänen hyvyytensä (XIII,16; VII,4). Augustinuksen raamatullinen argumentaatio tapahtuu niin, että luominen, lunastus ja pyhitys käsitellään kaikki Gen. 1:n pohjalta."

[131] Luuk. 15:18.
[132] Augsburgin tunnustuksen **Puolustus** IV,400 sanoo Augustinukseen vedoten: "Parhaiten ruumiinsa tuntee ruumiin pää, joka on Kristus seurakuntaruumiille. Sen vuoksi seurakunta on etsittävä Kristuksen äänestä (Joh. 10:27) eikä omista sanoistamme." Siis Kristuksen sanoista on etsittävä, mikä on pelastunut ja pelastukseen tuleva seurakunta. Kts. myös **Augustinus, Kristillinen Opetus**, s. 229 / CA IV; ja s. 231 / CA VII & VIII.

Kolmiyhteinen Jumala tunsi itse jumaluudessaan pyhien enkeleittensä luomisen syyt ja periaatteet, jotka tunnemme selkeämmin heidän Luojansa perusperiaatteista, peitetymmin taas luomistaan enkeleistä.[133]

XI,29

Pyhät enkelit näet eivät opi tuntemaan Jumalaa soinnahtavien sanojen avulla, vaan itsensä muuttumattoman Totuuden läsnäolon kautta, se on: hänen ainosyntyisen Sanansa [välittömän läsnäolon] kautta, ja [samoin] itse Sanan ja Isän ja näiden Pyhän Hengen; ja siten, että totuus on erottamaton Kolmiyhteisyys, ja Kolmiyhteisyydessä kukin persoona on perusolemus (substantia), ja ettei kuitenkaan ole kolmea Jumalaa, vaan yksi Jumala. Tämän he ovat oppineet tuntemaan niin, että heille nämä persoonat ovat paremmin tunnettuja kuin meille omat itsemme.[134]

Itse luomisenkin he tietävät paremmin siellä Kolminaisuudessa – se on: Jumalan viisaudessa, kuin hänen opissaan[135], jossa se on luotu – kuin itse luomisessa. Ja tämän tähden he tietävät jopa itsensäkin paremmin siinä Viisaudessa kuin omassa itsessään, mutta kuitenkin myös omassa itsessäänkin.

He ovat näet luotuja, ja ovat toinen asia kuin Hän, joka heidät loi. Hänessä he siis ymmärtävät itsensä niin kuin päivänvaloon tulleessa tuntemisessa, itsessään taas niin kuin illan hämäryyteen kuuluvassa tuntemisessa, kuten jo edellä puhuimme.[136]

Paljon näet on eroa sillä, tunnistetaanko jokin asia siinä ajatuksessa, jonka mukaan se tehtiin, vai omassa itsessään; kuten yhdellä tavalla tiedetään viivan suoruus tai kuvion oikeellisuus, kun ne älyllisesti nähdään, toisella tavalla taas, kun ne piirretään lasitomuun [matemaatikkojen puikoilla].[137] Ja yhdellä tavalla tiedetään oikeus muuttumattomassa totuudessa, toisella tavalla oikeudenmukaisen henkilön mielessä.

---

[133] Tunnemmehan – kuten Augustinus sanoo – Jumalan joissakin suhteissa paremmin kuin itsemme, esim. voimme uskoa, että hän ei milloinkaan petä, mikä itsemme tai ystäviemmekään suhteen ei ole yhtä varmaa. Vertaa tuonnempana tämän luvun kolmanteen momenttiin.

[134] Vrt. edellä olevaan indeksiin. – Jumalan enkelit toimivat välittömässä Jumalan vaikutuksessa, josta vertaa selitystä Gal. 3:19–22:een, **Augustinus, Kristillinen Opetus**, s. 159, ind. 2. Tämän vaikutuksen Paavali ilmaisee sanomalla, että Jumala antoi lakinsa Hoorebilla *enkelin käden kautta Välimiehen kädellä*, se on: enkelien toimiessa Välimiehen kädessä > vaikutuksessa. – Εν-prepositiota käytetään Jumala-yhteydessä ilmaisemaan lähdettä. Käsi sana (χειρ) puolestaan on tavanomainen synekdokee-ilmaisu henkilön asemesta, kun on kyse voimasta yms. Kts. Gyllenberg, Uuden Testamentin kreikkalais–suomalainen sanakirja, Εν 1; χειρ, kysymyksen ollessa voimasta ja vaikutuksesta.

[135] Lat. in arte, tarkoittaa tässä sitä tietoa, teoriaa eli oppia tai periaatteita, joihin taito ja taide perustuvat.

[136] Kts. edellä XI,7. Siinä Augustinus sanoo mm., että luomakuntaa koskeva tiede, on kuin illan hämärtymistä. Kun tietomme luomakunnasta suunnataan Luojansa ylistämiseen, aamun valkeus sarastaa, ja niin ensimmäinen ja muut luomisen päivät tulevat esiin.

[137] Lat. *in pulvere*, sc. *erudito* = oppineen lasipölyyn: matemaatikot piirsivät puikoillaan kuvioitaan lasipölyyn. Kts. Streng, *pulvis*.

Näin, edelleen, on iso ero muidenkin asioiden suhteen, kuten *ylä- ja alapuolellaan olevien vesien välillä sijaitsevan taivaanvahvuuden suhteen, jota taivaaksi nimitetään;*[138] kuten vesien alaspäin kasaantumisen[139] ja kasviston ja puiden järjestelyn suhteen;[140] kuten auringon, kuun ja tähtien luomisen suhteen;[141] kuten vedestä peräisin olevien eläinten suhteen, nimittäin lentävien ja kalojen ja uivien eläinten suhteen;[142] kuten niiden suhteen, jotka maassa käyskentelevät ja matelevat, ja itsensä ihmisen suhteen, joka tuli olemaan kaikkia maassa olevia asioita mainiompi.[143]

Kaikki nämä asiat enkelit tunnistavat yhdellä tavalla Jumalan sanasta, jossa näillä asioilla on omat syynsä ja periaatteensa[144], se on: joiden muuttumattomasti lujina pysyvien syiden ja periaatteiden kanssa yhdenmukaisesti ne luotiin, toisella tavalla he tunnistavat ne näin luoduista itsestään. Edellisestä he tunnistavat selkeämmällä tavalla, jälkimmäisistä peitetymmällä tavalla, kuten opin ja sen toteutukset[145]. Nämä toteutukset kun kuitenkin suunnataan Luojansa kiitokseksi ja kunnioittamiseksi, kuin aamu valkenee niitä tarkastelevien mielissä.

---

[138] Gen. 1:6–8.
[139] Gen. 1:9.
[140] Gen. 1:11–12.
[141] Gen. 1:14–19.
[142] Gen. 1:20–23.
[143] Gen. 1:24–27.
[144] Lat. causas rationesque sauas.
[145] Lat. sicut artis atque operum.

Luku kuusi Jumalan luomistöiden täydellisyyteen viittaajana, luvun kokonaislukuina jakaantu-vien jako-osien summa on täsmälleen kuusi.

XI,30

Nämä luomisen asiat, edelleen, kuudella jaollisen luvun täydellisyyden tähden sanotaan kuusi päivää kestäväksi kertomalla sama päivä kuudella. Tätä ei sanota sen tähden, että Jumalalle olisi ollut välttämätöntä aikojen viivyttäminen (jatkaminen), aivan kuin hän ei olisi voinut luoda kerralla kaikki sellaiset, mitkä sen jälkeen soveliain liikkein tuottaisivat aikakaudet. Vaan ne sanotaan kuudeksi päiväksi siksi, että luomistyön täydellisyys ilmaistiin kuusijakoisen luvun avulla.

Niinpä tämä kuusijakoinen luku on ensimmäinen sellainen, jonka kokonaislukuina jakaantuvat osamäärät tuottavat yhteenlaskettuina täydellisesti juuri luvun itsensä, se on: osamääriinsä ja-kajia ovat luvut: kuusi, kolme ja kaksi, mitkä tekevät osamääriksi luvut: yksi, kaksi ja kolme, jotka yhteenlaskettuina ovat kuusi.

Edelleen, tässä tarkastelussa on osamääriksi katsottava lukujen sellaiset osat, joista voidaan sa-noa, kuinka mones täysi osa se on jostakin luvusta nimittäjänsä mukaan, kuten puolikas, kol-masosa, neljännes ja välittömästi seuraavat. Esimerkiksi, eihän siitä syystä, että neljä on jokin osa yhdeksällä jaollisessa luvussa, silti voida sanoa, monesko täysi osa neljännes on yhdeksästä; mutta täysinä osina voidaan mainita yksi, ollen sen yhdeksäsosa, ja kolme, ollen sen kolmasosa. Yhteen liitettyinä nämä yhdeksikön kaksi täyttä osamäärää, nimittäin [yhdeksän yhdeksällä ja kolmella jaettuina ovat] yksi ja kolme, ovat kaukana luvun koko määrästä, joka on yhdeksän.

Vastaavasti kymmenluvussa neljäsosa on sen jokin osa, mutta ei voida sanoa, että kymmenen on neljällä jaollinen luku. Jaollinen se on yhdellä, ollen kymmenen osaa, ja koska se on kakko-selle jaollinen, on viisi osaa, ja koska viitoselle jaollinen, ovat puolikkaat, kaksi osaa. Siis ja-kajia ovat yksi ja kaksi ja viisi, yhteen laskettuina ne eivät tee täydeksi kymmentä, nehän ovat kahdeksan. Sitä vastoin kaksitoistaluvun kokonaisosien jakajat yhteen laskettuina ylittävät tuon luvun. Sillä on nimittäin kaksitoista osaa käsittäviä yksiköitä yksi, kuusi osaa käsittäviä kaksi, neljä osaa käsittäviä kolme, kolme osaa käsittäviä neljä ja kaksi osaa käsittäviä kuusi. Mutta yksi ja kaksi ja kolme ja neljä ja kuusi, eivät tee kahtatoista, vaan enemmän, se on: kuusitoista.

Tämän asian katsoin lyhyesti mainittavaksi kuusi osaa sisältävän luvun täydellisyyden suosioon sulkemiseksi: tämä luku ensimmäisenä, kuten sanoin, saa täydellisesti aikaan jaolliset osansa yhteenlaskien luvun itsensä, jossa luvussa Jumala saa aikaan täydellisen luomistyönsä. Sen vuoksi tämän luvun laskuoppia ei tule pitää vähäpätöisenä. Kuinka tärkeäksi lukumäärä on mo-nissa Pyhien Kirjoitusten paikoissa katsottava, se herättää huomiota huolellisesti tutkiskeleville.

Eikä suotta Jumalan ylistyksissä ole sanottu: *"Kaiken sinä olet järjestänyt mitan ja luvun ja painon mukaan."*[146]

---

[146] Viis. 11:20. – Vrt. **Augustinus, Herramme Vuorisaarna**, s. 64, ind. 6: "Kolme oli täydellisyyden ja harmonian luku antiikin stoalaisuudessa, mikä ilmeni mm. temppelin päädyissä. Kristillisyydessä ajatus liittyy Jumalan kol-minaisuuteen. Augustinus on kirjoittanut aiheesta mm. Sermo 252:10; Epist. 55:11,20; In Joan. Evang. Tr. 27:10; Enarr. In Ps. 59:2; De Civ. Dei, 20.5.3. ja tietenkin De Trinitate -teoksessa." – Jumala on tietenkin pyhän uskomme mukaan täydellinen. Jumaluus viittaa suoraan lukuihin: **yksi** (yksi Jumala), **kaksi** (Jumalan sana on täydellinen, joka puolestaan on Jumalan olemuksen mukaisesti sekä *armo ja totuus* että *kaksiteräinen miekka, laki ja evanke-liumi,* jotka sisältävät Jumalan Ilmoituksen täydellisesti niin, että siinä on **kaikki** *laki ja profeetat; Sana on Jumala ja Poika, jossa asuu jumaluuden koko täydellisyys ruumiillisesti* (Joh. 1.1, Kol. 2:9. etc.); edelleen, lukuun **kolme** Jumala viittaa, kuten sanottu, kolmiyhteisyytensä kautta. Ja vielä lukuun **kuusi**, kuten Augustinus tässä selittää, näiden lukujen summana ja luomistyönsä täydellisyyden kautta.

– Augustinus käsittelee lukujen merkitystä myös mm. **Kristillinen Opetus**, 2.16.25–2.18.28, s. 52 s. Ja tässä **De Civ. Dei** -teoksessa myös XV,20; XVII,4; XX, 5,7.

– Monet luvut viittaavat Raamatussa täydellisyyteen, kuten seitsemän ja kahdeksan. **Täydellisyyden aiheesta** Herramme Vuorisaarnassa ovat hakusanat teoksen hakusanojen joukossa (kuten: täydellinen ihminen, vanhurs-kaus, viisaus, hyveellinen voima, laupeus, Jumala, Sana, selitys jne.). **Ihmisen vanhurskauden täydellisyyden mahdollisuutta** Augustinus käsittelee kokonaisuudessaan ja temaattisesti kuuluisassa **Henki ja Kirjain -teoksessaan**, joka on suomennettu.

Seitsemännestä päivästä, jossa suljetaan suosioomme Jumalan täyteys, Jumalan lepo ja pyhittäminen.

XI,31

Mutta seitsemännessä päivässä – se on: samana päivänä seitsemästi kerrattuna;[147] mikä seitsenluku itsekin toisella perusteella osoittaa täydellisyyttä[148] – suljetaan suosioomme Jumalan lepo, jossa ensimmäistä kertaa annetaan kuulla pyhittäminen.

Niinpä Jumala ei tahtonut tätä päivää siunata missään teoissaan, vaan lepäämisessään, jolla ei ole iltaa; eikä näet lepo ole mikään luominenkaan, niin että itse lepokin aikaansaa tuntemuksensa yhdellä tavalla Jumalan sanasta, toisella tavalla omasta itsestään, edellisestä kuin päivänselvän tiedon, jälkimmäisestä kuin illan hämäryyteen kuuluvan tuntemuksensa.

Seitsemän kerrallaan -eräluvun täydellisyydestä voitaisiin tosin edelleen enemmän puhua, mutta yhtäältä tämä kirja on jo liian pitkällinen, toisaalta pelkään, että näyttäisimme tahtovan sopivassa tilaisuudessa kehuskella pikku tietämyksestämme mieluummin kevyen ajattelemattomasti kuin hyödyllisesti. Niinpä on oltava harkinta kohtuudesta ja asian painoarvosta, jottei silloin kun puhumme paljon lukuarvoista, meitä ehkä arvosteltaisi määrän ja painon huomiotta jättämisestä.

Niinpä olkoon riittävää palauttaa mieleen vain tämä, että ensimmäinen pariton kokonaiseräluku on kolme ja ensimmäinen parillinen kokonaiseräluku on neljä.[149] Näistä kahdesta muodostuu eräluku seitsemän. Niinpä se pannaan kokonaisuuden asemesta usein, kuten on: *"Seitsemästi hurskas lankeaa, mutta nousee jälleen."*[150] Se on: kuinka monta kertaa tahansakin hän lankeaa, ei hän ole hukkuva, koska sananlasku tahtoi ymmärrettäväksi, ettei vanhurskas lankea pahuuksiensa tähden, vaan kärsimysten viedessä hänet nöyryyteen. Ja: *"Seitsemästi päivässä ylistän sinua",*[151] mikä toisaalla on sanottu toisella tavalla: *"Aina Hänen ylistyksensä on suussani."*[152] Ja monia tällaisia tavataan Pyhissä Kirjoituksissa. Niissä on tapana, kuten sanoin, että seitsenosainen luku pannaan kyseisen asian kokonaisuuden tilalle. Tämän tähden sama luku usein merkitsee Pyhää Henkeä, josta Herra sanoo: *"Hän on opettava teille kaiken totuuden."*[153]

---

[147] Lat. In septimo autem die, id est eodem die septiens repetito. Tämän saksalainen editio kääntää: In dem siebenten Tage, d. h. in der siebenten Wiederholung desselben Tages – eine Zahl, die auch wieder, jedoch in anderer Hinsicht vollkommen ist. Seitsemäntenä päivänä, se on: saman päivän seitsemäntenä toistamisena / kertaamisena – luku, joka jälleen, joskin toisesta näkökulmasta, on täydellinen. – Augustinus puhuu siis päivästä, jota tarkastellaan seitsemäntenä järjestyksessä (in septimo die), ja jota hän tarkentaa: ´samana päivänä´ (voidaan kääntää myös: päivän ollessa sama: eodem die), kerrattuna lukuadverbilla ´seitsemästi´ (septiens).

[148] Lat. qui numerus etiam ipse alia raatione perfectus est. Oikeastaan: mikä luku itsekin toisella perusteella / toisesta näkökulmasta on täydellinen > osoittaa täydellisyyttä.

[149] Paitsi tietenkin itsellään jakautuvat yksi ja kaksi, joita tässä tarkastelussa ei huomioida.

[150] Snl. 24:16.
[151] Ps. 119:164.
[152] Ps. 34:2.
[153] Joh. 16:13.

Siinä totuudessa on Jumalan lepo, joka päästää lepoon Jumalassa.[154]

Kokonaisuudessa näet on rauha, se on: täydessä täydellisyydessä, mutta osassa vaiva. Näh-käämme siis vaivaa, niin kauan kuin olemme tietoisia *vajavaisuudestamme*,[155] *mutta kun on tullut perille se, mikä on täydellistä, katoaa se, mikä on vajavaista.*[156] Tästä johtuu se, että myös näitä Kirjoituksia vaivaa nähden tarkoin tutkimme tietoomme.

---

[154] Vrt. "Levoton on sydämemme, kunnes se löytää levon Jumalassa." **Augustinus. Conf**. I,1. Hän perustelee tätä tuossa teoksessaan: "Onnessa minä pelkään onnettomuutta, ja onnettomuudessa kaipaan onnea, missä on se tila, jossa ei ole ahdistusta?" Vastauksena on, että yksin Kristuksen tuntemus rauhoittaa sielun, antaa levon Jumalassa. Kristinoppi (KO 1) siteeraa tuota lausetta (Conf. I,1) ja sen yhteydessä Augustinuksen sanomaa lähtökohtaa, että Jumala on luonut ihmisen yhteyteensä sallien leponsa vain yhteydessään (Jes. 27:5). Sen vuoksi monet valtiaat ja rikkaat ovat olleet levottomia ja onnettomia ilman Kristuksen tuntemusta.

[155] 1 Kor. 13:12.
[156] 1 Kor. 13:10.

Niiden mielipiteistä, jotka tahtovat pitää enkeleiden luomista aikaisempana kuin maailman luominen, kun heidän mielipiteistään löytyy hyvä opetus Kolmiyhteisyydestä luomiskertomuksen alkusanoissa.

XI,32

Mutta jottei joku kiistelisi ja sanoisi, etteivät pyhät enkelit olleet olemassa osoitettuina siinä paikassa, josta on kirjoitettu: *"Tulkoot valkeus, ja valkeus tuli",*[157] vaan joko arvelee tai opettaa, että tuolloin ensiksi luotiin millainen aineellinen valkeus tahansa, mutta että enkelit olivat luodut ensimmäisenä, eivät ainoastaan ennen *taivaanvahvuutta,* jota *vesien ja vesien väliin luotuna nimitetään taivaaksi,* vaan myös ennen sitä, mistä on sanottu: *"Alussa Jumala loi taivaan ja maan."* Ja se, mistä on sanottu *"alussa",* ei ole sanottu sillä tavalla, että nämä (taivas ja maa) olisivat ensimmäiseksi tehdyt,[158] koska Jumala olisi aiemmin luonut enkelit, vaan siksi, että Jumala loi kaiken viisaudessaan, joka on hänen Sanansa, ja häntä itseään Raamattu nimittää *aluksi,* kuten Hän itse vastaa juutalaisten kysyessä, kuka hän on, että hän on *alku.*[159]

En esittele tätä kiistaa lähtien vastakohtaisuudesta [nimittäin omalleni], ennen muuta sen vuoksi, että se ilahduttaa minua hyvin paljon sen tähden, koska Genesiksen pyhän kirjan varhaisimmassa alkulauseessakin suljetaan Kolminaisuus suosioomme. Silloin kun näet sanotaan näin: *"Alussa Jumala loi taivaan ja maan",* niin että Isä oivalletaan luoneen Pojassa, kuten Psalmi todistaa siinä, mistä luetaan: *"Kuinka suurenmoiset ovatkaan sinun tekosi, Herra, kaiken sinä olet tehnyt viisaudessasi",*[160] tähän erittäin sopivasti vähän myöhemmin mainitaan myös Pyhä Henki. Kun näet on sanottu, millaisen maan hän ensimmäiseksi on tehnyt, tai, millaisen maailman tulevan rakenteen massan tai aineksen hän on ensimmäiseksi tehnyt taivaan ja maan nimisenä, Genesis ilmoittaa liittäen alistetusti ja lisätysti: *"Mutta maa oli näkymätön ja kokoonpanematon,*[161] *ja pimeys oli syvyyden yllä",* ja pian, jotta maininta Kolmiyhteisyydestä

---

[157] Vrt. edellä XI,7.
[158] Vrt. edellä XI,9.
[159] Joh. 1:1; **8:19, 25**, 42, 58. (Vrt. Ilm. 3:14; 21:6; 22:13; Kol.1:18; Hebr. 7:3 etc.).

[160] Ps. 104:24. Samoin lukee Vulgata ja vastaavasti LXX (Ps. 103:24): 24. *quam magnificata sunt opera tua Domine omnia in sapientia fecisti [impleta est terra possessione tua]. Mafnificata*-sanan taustalla on kreikan: ὡς ἐμεγαλύνθη τὰ ἔργα σου, κύριε· πάντα ἐν σοφίᾳ ἐποίησας. *Kuinka **mahtavaksi tehty** onkaan tekosi...*
Taustalla on heprean: מַעֲשֶׂיךָ מָה־רַבּוּ , *kuinka **moninaiset** ovatkaan tekosi,* verbi [kuinka] moninainen on (מָה־רַבּוּ) indikatiivinen preteritimuoto olla/tulla lukuisaksi -verbistä, adjektiivina runsas, mahtava, substantiivina myös metropoli, esim. ammonilaisten pääkaupunki Rabba. Niinpä Vulgatan käännös heprasta sanoo: *Quam **multa**, kuinka **moninaiset,*** mitä lukutapaa seuraa perinteinen Raamattumme. Kyseisellä sanalla ovat siis molemmat merkitykset, kuten taivaalla: kuinka moninainen ja mahtava se onkaan.

[161] Lat. *invisibilis et inconposita.* Vulgata: *inanis* (tyhjä ja siitä edelleen esim. nälkäinen ja tekemiseen hyödytön) *et vacua* (tyhjä paikka, autio, täyttymätön, kuvaannollisesti esim. vapaa, leski, vapaa jostakin, avoin, aava). < LXX: ἡ δὲ γῆ ἡν ἀόρατος καὶ ἀκατασκεύαστος, *Maa oli näkymätön ja valmiiksi tekemätön, kuntoon panematon/rakentamaton/valmistamaton.*
< Biblia Hebraica: וְהָאָרֶץ הָיְתָה תֹהוּ וָבֹהוּ, *Ja maa oli **autius** (תֹהוּ,* autius, erämaa, tyhjyys, substantiivi autioittaa-verbistä) *ja **tyhjyys** (וָבֹהוּ,* substantiivi tyhjyys, verbistä olla tyhjä, vapaa).

Alkutekstit kuvaavat siis Augustinuksen opetuksien mukaisesti juuri maan ja taivaan nimellä luodun massan ja aineksen näkymättömäksi, rakentamattomaksi, eli sen komponentit kokoamattomiksi ja järjestykseen saattamattomiksi, myöskin *ikään kuin* vielä iankaikkisuudessa siten koodattavina oleviksi, että komponentit eivät olleet liikkeessä, eli ajassa; aikaahan sekä liikkeen olemassa oleminen että rakentuminen edellyttävät, mutta sen sijaan

tulisi täydelliseksi, Jumala sanoo: *"Ja Jumalan Henki liikkui vetten yllä."*

Tämän vuoksi, kuten itse kukin tahtonee, omaksukoon sen, että sillä tavalla *syvyys* on olemassa, ettei se lukijoidensa harjoittamiseksi kristinopista voi enempää synnyttää ylen pelottavia ajatuksia,[162] kunhan vain silti kukaan ei epäile, että kuitenkin pyhät enkelit ovat korkeilla valtaistuimillaan ikuisuudestaan ja autuudestaan silti varmoja, vaikka eivät ole Jumalaan nähden samalla tavalla iankaikkisia hänen kanssaan.[163]

Herra opettaessaan, että hänen pienokaisensa kuuluvat enkelten yhteisöön, ei ainoastaan sano, että he tulevat oleman *Jumalan enkeleiden kaltaisia,* vaan hän osoitti, mistä katselusta itse enkelitkin nauttivat sanoessaan: *Katsokaa, ettette pidä vähäpätöisinä yhtäkään näistä pienistä, sillä minä sanon, että heidän enkelinsä näkevät aina minun Isäni kasvot, joka on taivaassa.*[164]

---

liikkeessä ilmoitetaan olleen *Jumalan Henki vetten päällä; pimeys* puolestaan *oli* näin rakentumattoman ja pimeydessä näkymättömän *syvyyden päällä* (Gen 1:2).

[162] Sielun luisumisesta pois Jumalan valosta takaisin pelottavaan syvyyteen Augustinus kirjoitta (Conf. XIII,2): "Mutta hyvä on hengelle riippua aina Sinussa, ettei hän sitä valoa, minkä hän Sinun puoleesi kääntyneenä on saavuttanut, Sinun luotasi pois kääntyneenä menettäisi ja luisuisi takaisin kadotuksen synkkään olotilaan. Sillä myöskin me, jotka sielumme puolesta olemme henkisiä luomuksia, olimme ennen siinä elämässä pimeys käännyttyämme pois Sinusta, valkeudestamme, ja kärsimme vieläkin pimeytemme jälkiseurauksia siihen asti, kunnes Sinun ainosyntyisessä Pojassasi saavutamme *Sinun vanhurskautesi,* ollen niin *kuin Jumalan vuoret.* Sillä meissä ovat ilmestyneet *Sinun tuomiosi, jotka ovat kuin suuri syvyys* (Ps. 36:7)." – Katso myös: Conf. XIII, 2,8,21 ja **Olli, Kirkkoisä Augustinuksen Syntikäsitys Confessiones** -teoksessa ss. 87–88.

[163] Vrt. edellä XI,19, missä Augustinus opettaa syvällisten ja vaikeitten Raamatun kohtien ratkaisemista ennen muuta Teksti ja Kristinoppi johdonmukaisesti huomioon ottamalla. Koko hänen teoksensa **Kristillinen Opetus** neuvoo näissä asioissa yksityiskohtaisesti, kuten luvun XI,19 ensimmäisessä indeksissä (= ind.90) mainitaan.

[164] Matt.18:10.

Kahdesta eri suuntiin kääntyneistä ja erilaisista enkeleiden yhteisöistä, jotka ymmärretään hyvin sopivasti ilmoitetuiksi Genesiksessä valkeuden ja pimeyden nimityksillä, kuten vanhurskaita ja syntisiä Uusi Testamentti nimittää.

XI,33

Edelleen, apostoli Pietari on erittäin onnistuneesti osoittanut ja sanoo, että eräät enkelit olivat tehneet syntiä ja tulleet syöstyiksi tämän maailman kuiluihin, jotka ovat heille kuin vankila, aina tulevaan viimeiseen tuomitsemiseensa asti tuomiopäivänä, *koska Jumala ei säästänyt syntiä tehneitä enkeleitä, vaan syösten heidät pois jätti tuomiossaan rangaistaviksi tuonelan pimeyden vankilaan säilytettyinä.*[165]

Niinpä näiden enkeleiden ja toisten enkeleiden välillä Jumala on tehnyt erotuksen sekä edeltätietämisessään että toiminnassaan, kukapa tätä epäilisi. Ja kuka sanoisi vastaan sitä, että hyviä enkeleitä ansiosta nimitetään *valkeudeksi.* Koskapa nyt kerran meitäkin, yhä vielä uskossa eläen samankaltaisuutta enkeleiden kanssa toivovia – kuitenkaan ei vielä sitä saavuttaneita – apostoli on nimittänyt *valkeudeksi: "Olitte",* hän sanoo, *"kerran **pimeys**, mutta nyt olette **valkeus** Herrassa."*[166] Ne, jotka oivaltavat tai uskovat Jumalasta luopuneiden enkelien olevan uskovia ihmisiä huonompia, huomaavat todella, että nämä tulevat erittäin sopivasti nimitetyiksi *pimeyksiksi.*

Tämän tähden, vaikka on ymmärrettävä [näihin apostolien opetuksiin nähden] toisena *valona* se, mikä on sanottu tämän [Genesiksen] kirjan siinä paikassa, josta luemme: *Jumala sanoi, tulkoon valkeus, ja valkeus tuli,* ja toisiksi *pimeyksiksi* tarkoitettuina se, mikä on siinä kohdassa, josta luemme: *Jumala teki erotuksen valkeuden ja pimeyden välillä,* me kuitenkin katsomme nämä kahdeksi enkeleiden yhteisöksi [edellä sanotuin perustein ja seuraavin rinnastuksin]:

Edellinen nauttii Jumalasta, jälkimmäinen on paisunut tyhmyydestään. Edelliselle sanotaan: *Palvokaa häntä kaikki te hänen enkelinsä,*[167] jälkimmäiselle sen päämies sanoo: *Kaiken tämän [maailman ja sen loiston] minä annan sinulle, jos kumartuneena rukoilet minua.*[168] Edellinen hehkuu rakkaudesta Jumalaa kohtaan, jälkimmäinen savuaa epäpuhtaasta rakkaudesta yksityistä ylevyyttään kohtaan. Ja koska on kirjoitettu: *Jumala vastustaa ylpeitä, mutta antaa nöy-*

---

[165] 2 Piet. 2:4.

[166] Ef. 5:8; 1 Piet. 2:9. *Jumala on valkeus* (1 Joh. 1:5) ja *valkeuksien Isä* (Jaak. 1:17), hänen vastustajansa on *pimeys* ja pimeyden *(< maailman) ruhtinas* (1 Joh. 1:5; Joh. 14:30 etc.).

[167] Ps. 97:7b. (Augustinuksen sitaatissa on käytetty *adorari*-verbiä, *palvoa* yms.). Lause Vulgatassa LXX:stä käännettynä: adorate eum omnes *angeli eius, palvokaa / kumartaen rukoilkaa kaikki hänen **enkelinsä**;* Biblia Hebraicasta puolestaan: ... omes **dii**, ... kaikki **jumalat.** < LXX: προσκυνήσατε αὐτῷ, πάντες οἱ ἄγγελοι αὐτοῦ. (Tämä on siis suomeksi, kuten yllä on käännetty). < Biblia Hebraica: הִשְׁתַּחֲווּ־לוֹ כָּל־אֱלֹהִים, *palvokaa häntä kaikki jumalat.* – Kristus itse selittää *jumala*-sanan käyttämisen rinnakkaiskohdassa, Joh. 10:34–36 koskien Ps. 82:6, ja sanoo: *34. Jeesus vastasi heille: "Eikö teidän laissanne ole kirjoitettuna: 'Minä sanoin: te olette jumalia'? 35. Jos hän sanoo jumaliksi niitä, joille Jumalan sana tuli - ja Raamattu ei voi raueta tyhjiin - 36. niin kuinka te sanotte sille, jonka Isä on pyhittänyt ja lähettänyt maailmaan: 'Sinä pilkkaat Jumalaa', sentähden että minä sanoin: 'Minä olen Jumalan Poika'?* – Jumalan *sana on Jumala* (Joh. 1:1). Ja sen osallisuus siis tekee *jumaliksi* niin enkelit kuin ihmisetkin, niin että he tulevat *valkeudeksi* ja tekevät Jumalan tahdon. (Joh. 1:12).

[168] Matt. 4:9.

rille armon,[169] edellinen asuu taivaitten taivaissa, jälkimmäinen on heitetty sieltä alas metelöiden täkäläisessä alaltaan alhaisimmassa taivaassa. Edellinen on rauhaisa esikuvallisen loistavassa hurskaudessaan, jälkimmäinen on levoton pimeissä himoissansa. Edellinen on Jumalan viittauksesta lempeästi auttavainen, oikeudenmukaisesti rankaiseva; jälkimmäinen on kuohahtava kiihottavan kopeutensa ja vahingoittavan himonsa tähden. Edellinen kysyy neuvoa, niin paljon kuin vain tahtoo, ja on Jumalan hyvyyden palvelijana; jälkimmäisen, jottei se vahingoittaisi niin paljon kuin tahtoo, Jumala panee ohjaksiinsa voimallansa. Edellinen laskee leikkiä tuollaista joukkoa kohtaan, koskapa nämä tahtomattaan hyödyttävät vainoamiaan; jälkimmäinen edellisiä kadehtii, silloin kun nämä kokoavat yhteen [tälle maailmalle] muukalaisina vaeltavat pyhiinvaeltajansa.

Me siis katsomme nämä kaksi enkelien yhteisöä keskenään erilaisiksi ja vastakkaisiksi; ensimmäisen sekä luonnoltaan hyväksi että tahdoltaan suoraksi, toisen sitä vastoin luonnoltaan hyväksi, mutta tahdoltaan kieroksi. Nämä yhteisöt ovat muut Raamatun kohdat todistaneet selviksi niin, että tässäkin Kirjassa, jonka nimi on Genesis, olemme katsoneet niitä tarkoitetun *valkeuden* ja *pimeyden* nimityksillä.

Vaikka ehkä tässä Genesiksen paikassa on ajatellut toisinkin hän, joka on sen kirjoittanut, ei silti ole hyödyttömästi perin pohjin tutkittu tämän lauseen verhoutuneisuutta: emme pelkää tätä käsitystämme, koska jos vaikka emme ole kyenneet pääsemään tämän kirjoittajan ajatussisällön jäljille, se on kuitenkin kyllin selvä kristinopin perusteella, joka on saman auktoriteetin toisten Pyhien Kirjoitusten kautta.

Ja jos näet aineellisia ovat tässä mainitut Jumalan teot, kaukana epäilyksestä on, että niillä on useita hengellisten asioiden kaltaisuuksia, yhdenmukaisesti sen kanssa, minkä Apostoli sanoo: *Kaikki te olette **valkeuden** lapsia ja Jumalan lapsia; me emme ole yön emmekä **pimeyden** lapsia.*[170]

Edelleen, jos näin ajatteli hänkin, joka kirjoitti [Genesiksen], meidän pyrkimyksemme pääsee käsittelymme päämäärään, koskapa niin Jumalan poikkeuksellinen ja jumalisen viisauden ihminen,[171] jopa hänen kauttansa Jumalan Henki, on sanonut Jumalan töiden kuvauksissaan, että kaikki ne kuuden päivän aikana tehdyt teot olivat täydelliset, niin ei mitenkään pidä uskoa hänen ohittaneen enkeleitään, joko tuossa sanassaan: *alussa,* koska hän *alussa loi,* tahi, kuten soveliaammin ymmärretään sana *alussa:* koska hän loi *ainosyntyisessä Sanassaan,* on kirjoitettu: *Alussa Jumala loi taivaan ja maan.* Näillä *taivaan* ja *maan* nimityksillä annetaan tietää luomakunnan kaikkeus, tai hengellinen ja aineellinen luomakunta, mikä on uskottavampaa, tai maailman kaksi suurta osaa, jotka käsittävät kaiken luodun, niin että ensin Mooses kuvailee sen kokonaan [= *taivas* ja *maa*], ja sen jälkeen sen osat yhdenmukaisesti luomispäivien salaperäisen lukumäärän kanssa.

---

[169] Jaak. 4:6, 1 Piet. 5:5.
[170] 1 Tess. 5:5.

[171] Augustinus puhuu siis Genesiksen kirjoittajasta, Mooseksesta, poikkeuksellisena Jumalan viisaudessa. Huomattakoon, että sellainen poikkeuksellinen Jumalan viisaus oli apostoleista myös erityisesti Paavali, jonka opetusta Tessalonikalaiskirjeestä Augustinus Moosesta selittäessään tässä lainaa. Olihan Kristuksen mukaan Paavali hänen *valittu aseensa* (Apt. 9:15), ja Augustinus ja Luther molemmat tunnustavat Paavalin opettajakseen ja itseään etevämmäksi. Niinpä, kun Kristus sanoo, että *jokainen on opettajansa vertainen vain hänet täysin oppineena,* itse puolestamme olemme yleisen uskon tunnustajina (katolisina) ja Augsburgin tunnustuksen hyväksyvinä (luterilaisina) täysin oppineita löydettyämme kaikessa Augustinuksen ja Lutherin.

Siitä, että muutamat arvelevat enkelit ilmoitetuiksi taivaanvahvuuden luomisen yhteydessä vesien erottamisen nimissä, kun vedet erotettiin taivaanvahvuuden yläpuolelle. Eräät arvelevat, ettei vesiä ole voitu luoda sen yläpuolelle. Enkeleiden osa on alku ja johdanto ihmisten asioille.

XI,34

Kuitenkin monet ovat arvelleet enkeleiden joukot ilmaistuiksi jollakin tavalla vesien nimissä. Ja tätä tarkoittaisi se, mistä on sanottu: *Tulkoon taivaanvahvuus vesien ja vesien välille,* niin että *taivaanvahvuuden* yläpuolella olevat vedet ymmärretään enkeleiksi, alapuolella olevat vedet sitä vastoin joko näiksi nähtävillä oleviksi vesiksi tai pahojen enkelten paljoudeksi tai kaikkien ihmisten kansoiksi.

Tämä jos näin olisi, siitä käy ilmi, missä kohdassa enkelit luotiin, mutta ei se, missä paikassa heidät erotettiin toisistaan.

Jos kohta jotkut kieltävät vedetkin – mikä on nurinkurisinta ja jumalattominta turhuutta – sillä perusteella, että ei ole kirjoitettu: "Jumala sanoi: Tulkoot vedet, ja vedet tulivat." – Tämänhän voisi sanoa samalla turhanaikaisuudella myös maata koskien, kun missään ei lueta: "Tulkoon maa." Mutta he selittävät: kirjoitettu on: *Alussa Jumala loi taivaan ja maan.* Tästä niin ollen pitäisi ymmärtää asia myös vettä koskien. Yksi [maan] nimitys kun näet sisältää molemmat [=maan ja veden]. Sillä maahan kuuluu myös meri, kuten luetaan Psalmista: *[Hänen on meri], ja itse hän on sen tehnyt, ja hänen kätensä on muodostanut kuivan maan.*[172]

Mutta heidät, jotka vesien nimissä ovat taivaitten yläpuolella,[173] he tahtovat ymmärrettäviksi enkeleiksi: elementtien painovoimalait muutetaan, ja sen tähden he arvelevat, ettei juokseva vesi raskaana elementtinä olisi voinut tulla perustetuksi maailman ylimpiin paikkoihin.

Tällaiset, yhdenmukaisesti ajattelunsa kanssa, jos he itse kykenisivät tekemään ihmisen, he eivät sille sen päähän panisi juoksevaa nenän nestettä[174], jota kreikaksi sanotaan phlegmaksi, ja joka ruumiimme elementeissä käy veden vastineena. Päässä näet on nuhanesteen sijainti joka tapauksessa Jumalan työn mukaan mitä sopivimmin, sitä vastoin heidän selityksensä mukaan niin mielettömästi, että jos emme tietäisi tätä [totuuden oikeaa laitaa], ja se olisi tässä [Geneksisen] kirjassa samalla tavalla sanottuna, että Jumala juoksevan ja jähmettyneen nesteen, ja sen vuoksi painavan, sijoitti ihmisruumiin kaikkia muita ruumiinosia ylemmälle, nuo elementtien punnitsijat eivät mitenkään sitä uskoisi; ja jos tämä [maininta] olisi saman kirjoittajan Kirjaan väärennöksenä saatettu, he liittäisivät jotakin muuta selitystä, joka pitäisi uskoa semmoisesta Genesiksen kohdasta.

Mutta koska, jos huolellisesti pyrkinemme tietämään ja käsittelemme yhtä kohtaa kerrallaan niistä asioista, mitä tuossa Jumalan Kirjassa on maailman perustamisesta kirjoitettu, ja jos työmme suunnitelman pääsisällöstä kauas poikkeamista on olemassa [liiankin paljon], ja jos olemme käsitelleet riittävästi, kuten näyttää, noita kahta erilaista ja keskenään vastakkaista enkelten yhteisöä, **jotka sisältävät tietyt kaksi johdantoa ihmistenkin asioihin**, joista asioista olen suunnitellut sanoa tämän jälkeen: käsillä olevan kirjan lopultakin päättänen.[175]

---

[172] Ps. 95:5.
[173] Vrt. Ps. 148:4.
[174] Lat. **pituita**, tässä: nuhan neste.
[175] Vrt. edellä luvun XI,1 loppusanoihin, eli kirjojen XI-XXII johdantoon, johon Augustinus tässä palaa.

INDEKSI RAAMATUN KOHDISTA

Uudessa Testamentissa   <u>Raamatussa ja sivulla</u>

7:4	21	19:10	14	22:13	70
10:6	24	21:2, 10	25		
12:7 s.	15, 34	21:6	70		

Vanhassa Testamentissa

Raamatussa ja sivulla

Gen.
1:1	19, 24, 28
1:1–2	24
1:2	70, 71
1: 3	48
1:1–7	29
1:1–31	24, 26, 63
1:4	6, 46
1:4–5, 14	6, 45
1:5	30
1:6–8	65
1:9	65
1:9–13	29
1:11–12	65
1:14–18	6, 45, 46
1:14–19	65
1:17–18	46
1:18	46
1:20–23	65
1:24–27	65
1:26	28
1:27	7, 16, 58
1:31	21, 47
2:2	27
3:14, 24	41
3:15	15, 19

Ex.
3:14	58
6:3	17
28:19	40

Deut.
18:15–19	19

Joos.
10:12–14	48

2 Kun.
20:11	48

Job
38:7	29
40:14	40, 43

Ps.
2:4	41
16:6	39
17:7	39
34:2	68
36:7	71
37:13	41
46:5–6	14
48:2–3	13
48:9	14
59:9	41
82:6	14, 72
87:3	13
95:5	74
97:7	72
103:26	41
104:24	70
104:26	41, 43
119:140,152	20

119:164	68
139:1, 22	14
147:4	21
148:1–5	28, 29
148:2	28
148:4	74
(Ps:ista 22, 118 ja	
130, kts. s. 11)	

Snl.
1:26	41
8:27	19
24:16	68

Jes.
14:12	40
27:5	43, 69
40:48	20
53:10	42

Hes.
28:13	40
28:14–15	40

Dan.
3:1–33	28
3:61	28
3:57 s.	28

Vanhan Testamentin apogryfikirjat

Siir.
33:14–15	44
48:23	48

Viis.
7:24–27	19
11:20	67

Tila merkinnöille